ALAN WATTS

Weisheit des ungesicherten Lebens

Aus dem Englischen von E. Rothe

O.W. BARTH

Die amerikanische Originalausgabe erschien 1951 unter dem Titel »The Wisdom of Insecurity« bei Pantheon Books, Inc., USA.

MIX
Papier | Fördert gute Waldnutzung
FSC® C014496

Limitierte Sonderausgabe Mai 2024

Covergestaltung: atelier-sanna.com, München
Coverabbildung: © atelier-sanna.com, München (Illustrationen)
Satz: Adobe InDesign im Verlag
Druck und Bindung: GGP Media GmbH, Pößneck
ISBN 978-3-426-44744-4

2 4 5 3 1

O.W. BARTH

Inhalt

Vorwort

Das Gesetz von Wirkung und Gegenwirkung hat mich schon immer fasziniert. Manchmal nenne ich es das »Gesetz der Umkehrung«. Wenn du versuchst, auf der Oberfläche des Wassers zu bleiben, so versinkst du; wenn du jedoch zu sinken versuchst, so trägt dich das Wasser. Wenn du deinen Atem anhältst, so verlierst du ihn – wobei einem sofort ein altes und sehr vernachlässigtes Bibelwort einfällt: »Was hülfe es dem Menschen, so er die ganze Welt gewönne und nähme doch Schaden an seiner Seele?« (Mt 16,26)

Dieses Buch dient der Erforschung dieses Gesetzes in seiner Beziehung zu dem Suchen des Menschen nach psychologischer Sicherheit und zu seinem Bestreben, geistige und verstandesmäßige Gewissheit in Religion und Philosophie zu finden. Es ist in der Überzeugung geschrieben, dass kein Thema geeigneter sein könnte in einer Zeit, in der das menschliche Leben so besonders unsicher und ungewiss zu sein scheint. Es vertritt die These, dass diese Unsicherheit das Resultat des Versuches ist, sicher sein zu wollen, und dass, im Gegenteil, Erlösung und geistige Gesundung letztlich nur in der grundlegenden Einsicht bestehen: Es gibt keinen Weg, uns selber zu retten.

Das klingt wie irgendetwas aus Alice hinter den Spiegeln, *zu dem das Buch eine Art philosophisches Gegenstück ist. Denn der Leser wird sich des Öfteren in einer Welt wiederfinden, in der das Unterste zuoberst gekehrt ist, in der die normale Ordnung der Dinge völlig verkehrt und der gesunde Menschenverstand auf den Kopf gestellt scheint. Diejenigen, die einige meiner früheren Bücher gelesen haben, wie z. B.* Behold the Spirit *und* The Supreme Identity, *werden auf Dinge stoßen, die in völligem Widerspruch zu vielem zu stehen scheinen, was ich vorher gesagt habe. Das ist jedoch nur in unwesentlichen Punkten der Fall. Denn ich habe entdeckt, dass das Wesentliche und der Kern dessen, was ich in diesen Büchern habe erklären wollen, selten verstanden worden ist; der Rahmen und der Zusammenhang meiner Gedanken verbargen häufig den Sinn. Es ist meine Absicht, hierin denselben Sinn von völlig unterschiedlichen Blickpunkten anzugehen und in Wendungen, die das Denken nicht mit der Unzahl unwesentlicher Gedankenverbindungen, die Zeit und Überlieferung ihm aufgebürdet haben, verwirren.*

In den früheren Büchern war mir daran gelegen, gewisse Prinzipien der Religion, der Philosophie und Metaphysik zu rechtfertigen, indem ich sie erneut deutete. Dieses wäre jedoch, als ob man einer Schlange Beine gäbe – unnötig und verwirrend, denn nur die zweifelhafte Wahrheit bedarf der Verteidigung. Dieses Buch ist im Geiste des chinesischen Weisen Laotse, des Meisters des Gesetzes von »Wirkung und Gegenwirkung«, geschrieben, der erklärte, dass diejenigen, die sich selbst rechtfertigen, nicht überzeugen, dass man, um die Wahrheit zu wissen, sich des Wissens entledigen muss und dass nichts mächtiger und schöpferischer ist als Leere – vor der die Menschen zurückschrecken. Mein Vorhaben hier ist, von rückwärts aufzuzeigen, dass jene wesentlichen Realitäten der Religion und Metaphysik gerechtfertigt werden, indem man ohne sie auskommt und sie offenbart, indem man sie zerstört.

Es ist mir eine erfreuliche Aufgabe, anerkennen zu dürfen, dass die Vorbereitungen dieses Buches durch die Großzügigkeit der Stiftung des verstorbenen Franklin J. Matchette, New York, ermöglicht wurden, eines Mannes, der einen großen Teil seines Lebens den Problemen der Wissenschaft und Metaphysik widmete und der einer jener sehr seltenen Geschäftsmänner war, die nicht völlig in dem Circulus vitiosus aufgingen: zu verdienen, um zu verdienen und wieder zu verdienen. Die Matchette-Stiftung ist daher metaphysischen Studien gewidmet, und ich brauche kaum zu sagen, dass es mir Beweis ihrer Einsicht und Vorstellungskraft ist, dass sie sich so bereitwillig für einen derart »gegensätzlichen« Versuch, sich dem metaphysischen Wissen zu nähern, interessiert.

San Francisco, Mai 1951
Alan W. Watts

Das Zeitalter der Angst

Dem äußeren Schein nach ist unser Leben ein Lichtfunke zwischen einem ewigen Dunkel und dem nächsten. Doch liegt zwischen diesen zwei Nächten nicht ein wolkenloser Tag; denn je mehr Freude wir empfinden können, desto verwundbarer sind wir – und ob entrückt oder gegenwärtig, immer ist der Schmerz mit uns. Wir haben uns daran gewöhnt, dieses unser Dasein lohnend zu machen durch unsere Annahme, dass es über den äußeren Schein hinaus etwas gibt – dass wir für eine Zukunft leben, die über dies Dasein hinausgeht. Denn die äußere Erscheinungsform offenbart keinen Sinn. Wenn das Leben in Schmerz, Unvollkommenheit und Nichts endet, scheint es eine grausame, nutzlose Erfahrung für Wesen, die geboren sind, zu denken, zu schaffen und zu lieben. Der Mensch, als ein Geschöpf der Vernunft, wünscht, dass auch sein Leben einen vernünftigen Sinn hat, und findet es schwer, zu glauben, dass es einen solchen habe, solange es nicht über das hinausgeht, was er sieht – es sei denn, es gäbe eine ewige Ordnung und ein ewiges Leben hinter dieser ungewissen und vergänglichen Erfahrung von Leben und Tod.

Vielleicht wird man mir verübeln, wenn ich scheinbar frivol nüchterne Tatsachen einführend zur Sprache bringe; aber das Problem, aus dem augenscheinlichen Chaos der Erfahrung einen Sinn zu machen, erinnert mich an meinen kindhaften Wunsch, jemandem ein Postpaket mit Wasser zu senden. Der Empfänger löst die Schnur, und die Sintflut ergießt sich in seinen Schoß. Aber das Spiel würde nie gelingen, da es aufreizenderweise unmöglich ist, ein Pfund Wasser in Papier zu wickeln und zu verschnüren. Es gibt Papierarten, die zwar nicht wasserdurchlässig sind, jedoch besteht die Schwierigkeit darin, das Wasser in eine brauchbare Form zu bringen und so verschnüren zu können, dass das Paket nicht aufgeht.

Je mehr man sich mit den vorgenommenen Versuchen, Probleme der Politik und Wirtschaft, der Kunst, Philosophie und Religion zu lösen, beschäftigt, desto mehr bekommt man den Eindruck, dass ungewöhnlich begabte Leute ihren ganzen Scharfsinn in der unmöglichen und unlösbaren Aufgabe erschöpfen, das Wasser des Lebens in saubere und dauerhafte Pakete bringen zu wollen.

Es gibt viele Gründe, warum gerade dieses einem heutzutage lebenden Menschen besonders einleuchtend sein müsste. Wir wissen so viel über Geschichte, über all die Pakete, die gepackt wurden und prompt und folgerichtig auseinanderfielen. Wir wissen so viele Einzelheiten über die Probleme des Lebens, dass sie sich nicht mehr auf einen einfachen Nenner bringen lassen und noch verwickelter und ungeformter denn je erscheinen. Darüber hinaus haben sowohl Wissenschaft wie Industrie Tempo und Intensität so stark erhöht, dass unsere Pakete mit jedem Tag schneller und schneller auseinanderzufallen drohen.

Das ist es, woraus uns das Gefühl erwächst, dass wir in einer Zeit ungewöhnlicher Unsicherheit leben. In den letzten hundert Jahren sind so viele fundierte Überlieferungen zusammengebrochen, Überlieferungen im familiären und sozialen Leben, in Regierungsformen, in wirtschaftlicher Hinsicht und im religiösen Glauben. Im Laufe der Jahre scheinen die Felsen immer weniger zu werden, an die wir uns klammern können – weniger auch die Dinge, die wir als absolut richtig, wahr und allzeit gültig betrachten können.

Für einige ist dies eine willkommene Loslösung von Bindungen moralischer, sozialer und geistiger Dogmen. Für andere wiederum eine gefährliche und abschreckende Abwendung von Vernunft und gesundem Geist, geeignet, menschliches Leben in ein hoffnungsloses Chaos zu stürzen.

Den meisten hat vielleicht das Gefühl der Befreiung eine kurze Erleichterung gegeben, dem tiefste Angst folgte. Denn wenn alles relativ ist, wenn das Leben ein reißender Strom, ohne Ordnung und Ziel ist, in dessen Fluten absolut nichts beständig ist, außer dem ewigen Wechsel, dann erscheint es wie etwas, in dem es keine Zukunft und dadurch keine Hoffnung gibt.

Die Menschen scheinen nur glücklich zu sein, wenn sie auf eine Zukunft hinblicken können – sei dies ein »angenehmes Morgen« oder ein ewiges Leben über das Grab hinaus. Aus zahlreichen Gründen fällt es mehr und mehr Leuten schwer, an das zweite zu glauben; jedoch sind jene, die an das erste glauben, im Nachteil, denn wenn die »angenehme« Zeit kommt, ist es schwer, diese auszukosten, wenn nicht die Aussicht besteht, dass sie sich fortsetzt. Hängt Glücklichsein immer von etwas ab, das in der Zukunft erwartet wird, dann jagen wir nach einem Irrlicht, das so lange unserem Zugriff entweicht, bis die Zukunft und wir selbst im Abgrund des Todes verschwinden.

Tatsächlich ist unser Zeitalter nicht unsicherer als andere zuvor. Armut, Krankheit, Krieg, Wechsel und Tod sind nichts Neues. Auch in den besten Zeiten war »Sicherheit« nie mehr als vorübergehend und scheinbar. Jedoch war es möglich, die Unsicherheit des menschlichen Lebens dadurch erträglich zu machen, dass man an jene unwandelbaren Dinge außerhalb der Reichweite allen Unheils glaubte – an Gott, an die unsterbliche menschliche Seele und an die Herrschaft ewiger Gesetze im Weltall.

Heutzutage sind solche Überzeugungen selten, selbst in religiös gesinnten Kreisen. Es gibt kaum eine gesellschaftliche Ebene, sogar nur wenige Einzelpersönlichkeiten, die – von neuzeitlicher Erziehung berührt – nicht Spuren der Saat des Zweifels in sich tragen. Es ist nur allzu augenscheinlich, dass im letzten Jahrhundert die Autorität der Wissenschaft im Denken des Volkes den Platz der Autorität der Religion eingenommen hat und dass Skeptizismus, zumindest in Fragen des Glaubens, allgemeiner geworden ist als Gläubigkeit.

Zum Verfall des Glaubens ist es durch ehrlichen Zweifel, durch sorgfältiges und furchtloses Denken geistig hochstehender Wissenschaftler und Philosophen gekommen. Ihr Eifer und ihre Ehrfurcht für Tatsachen drängte sie, das Leben so zu sehen, zu verstehen und ihm so ins Auge zu blicken, wie es ist, ohne beschönigendes Denken. Doch trotz allem, was sie taten, um die Lebensbedingungen zu verbessern, scheint ihr Bild des Weltalls dem Einzelnen letztlich keine Hoffnung zu lassen. Der Preis ihrer Zauberkunststücke im Diesseits ist das Verschwinden eines Jenseits, und man ist geneigt, die alte Frage zu stellen: »Was hilft es einem Menschen, wenn er die ganze Welt gewönne und nähme doch Schaden an seiner Seele?« Logik, Intelligenz und Verstand sind befriedigt, aber das Herz verhungert. Denn das Herz hat fühlen gelernt, dass wir für die Zukunft leben. Die Wissenschaft mag uns langsam und ungewiss eine bessere Zukunft bringen – für einige Jahre. Aber dann wird das Ende kommen – für jeden von uns. Alles wird enden. Wie lange es sich auch hinausschiebt – alles Zusammengefügte muss zerfallen.

Trotz einiger gegenteiliger Meinungen ist dies

immer noch die grundsätzliche Ansicht der Wissenschaft. In literarischen und religiösen Kreisen wird jetzt häufig angenommen, dass der Konflikt zwischen Wissenschaft und Glauben der Vergangenheit angehört. Einige Wissenschaftler versuchen sich sogar einzureden, dass mit der Aufgabe des rohen atomistischen Materialismus durch die moderne Physik die Hauptursache dieses Konfliktes beseitigt wurde.

Aber das ist durchaus nicht der Fall. In den meisten unserer großen Bildungskreise sind diejenigen, die es sich zur Aufgabe machen, die Vielfalt der Wissenschaft und ihrer Methoden zu studieren, weiter denn je von dem entfernt, was sie unter einem religiösen Gesichtspunkt verstehen.

Die Erkenntnisse der Kernphysik und der Relativitätslehre haben tatsächlich mit dem alten Materialismus ein Ende gemacht; jetzt aber geben sie uns das Bild eines Weltalls, in dem fast noch weniger Raum ist für Ideen mit irgendwelchem absoluten Ziel oder Plan.

Der moderne Wissenschaftler ist nicht etwa so naiv, Gott zu leugnen, weil dieser sich nicht mit einem Teleskop finden oder die Seele sich nicht durch ein Skalpell freilegen lässt. Er hat lediglich festgestellt, dass die Idee eines Gottes von der Logik her unnötig ist. Er zweifelt sogar, dass sie irgendeine Bedeutung habe. Er will nichts auf andere als rein logische Weise erklärt haben.

Er argumentiert, dass die Behauptung, alles Geschehen unterliege der Vorsehung und der Kontrolle Gottes, tatsächlich nicht mehr bedeute, als wenn man nichts sagt. Zu behaupten, dass alles von Gott erschaffen und regiert sei, hieße nichts anderes, als zu sagen: »Alles liegt bei ihm«, was wiederum gar nichts bedeutet. Diese Meinung hilft uns nicht, irgendwelche beweisbaren Vorhersagen machen zu können, und ist daher vom wissenschaftlichen Standpunkt aus von keinerlei Wert. Wissenschaftler mögen in dieser Hinsicht recht oder unrecht haben. Es ist nicht unsere Aufgabe, diesen Punkt zu diskutieren. Wir müssen nur feststellen, dass solcher Skeptizismus von ungeheurem Einfluss und tonangebend für die Stimmung des Zeitalters ist.

Was die Wissenschaft alles in allem sagt, ist dies: Wir wissen nicht – und aller Wahrscheinlichkeit nach können wir auch nie wissen –, ob Gott existiert oder nicht. Nichts, was wir wissen, lässt darauf schließen, dass er existiert, und alle Argumente, die behaupten, seine Existenz beweisen zu können, erweisen sich ohne logischen Rückhalt. Tatsächlich lässt sich aber auch nicht beweisen, dass es Gott nicht gibt, doch die Last dieses Beweises liegt bei denen, die solche Behauptungen aufstellen. Wenn du an Gott glaubst – so sagt der Wissenschaftler –, so musst du das gänzlich gefühlsmäßig, ohne logische oder tatsächliche Grundlage tun. Praktisch gesprochen ist dieses Atheismus; theoretisch ist es einfach Agnostizismus.

Denn wissenschaftliche Ehrlichkeit bedingt vor

allem, dass du nichts zu wissen vorgibst, was du nicht weißt, und das Wesen wissenschaftlicher Lehre fordert, dass du keine Hypothesen anwendest, die nicht nachgeprüft werden können.

Die unmittelbaren Resultate sind zutiefst beunruhigend und deprimierend gewesen. Denn dem Menschen scheint es unmöglich zu sein, ohne einen Mythos zu leben, ohne den Glauben, dass Gewohnheit und Plagerei, Furcht und Schmerzen dieses Lebens nicht irgendeine Bedeutung und ein Ziel in der Zukunft haben. Sofort tauchen neue Mythen auf – politische und wirtschaftliche Mythen mit verschwenderischen Versprechungen der besten aller Zukünfte in diesem Dasein. Diese Mythen üben bei dem Einzelnen eine gewisse Wirkung dadurch aus, dass er zum Teil einer gewaltigen sozialen Kraftanstrengung wird, in welcher er etwas von seiner eigenen inneren Leere und Verlassenheit vergisst. Jedoch verrät gerade die Heftigkeit solcher politischer Religionen die unter ihnen schlummernde Angst. Sie gleichen einer Herde Menschen, die dicht zusammengedrängt einander zurufen, um sich im Dunkeln Mut zu machen.

Sobald der Verdacht entsteht, dass eine Religion Mythos sei, ist ihre Macht vergangen. Es mag für den Menschen nötig sein, einen Mythos zu haben, aber er kann sich nicht bewusst einen solchen verschreiben, wie er sich eine Tablette für sein Kopfweh verordnet. Ein Mythos kann nur wirken, wenn er als Wahrheit angesehen wird; Menschen können sich nicht lange bewusst und absichtlich zum Narren halten.

Selbst die besten neuzeitlichen Apostel der Religion scheinen diese Tatsache zu übersehen. Denn ihre stärksten Argumente für irgendeine Art Rückkehr zur Orthodoxie sind diejenigen, die soziale und moralische Vorzüge des Glaubens an Gott aufzeigen. Jedoch beweist dieses nicht, dass Gott eine Wirklichkeit ist. Es beweist bestenfalls, dass an Gott glauben nützlich ist. »Und gäbe es keinen Gott, man müsste ihn erfinden.« Vielleicht. Wenn aber die Masse irgendeinen Verdacht hat, dass er nicht existiert, ist die Erfindung vergeblich.

Aus diesem Grund hat die derzeitige Rückkehr mancher intellektueller Kreise zur Orthodoxie in vielen Fällen einen recht hohlen Klang. So vieles ist dabei mehr ein Glauben an den Glauben als ein Glaube an Gott. Der Kontrast zwischen den unsicheren neurotischen, gelehrten »Modernen« und der ruhigen Würde, dem inneren Frieden des Gläubigen vom alten Schlag lässt einen den Letzteren beneiden.

Jedoch ist es eine ernste Fehlanwendung der Psychologie, das Vorliegen oder Fehlen einer Neurose zum Prüfstein der Wahrheit zu machen und anzunehmen, dass, wenn eines Menschen Philosophie ihn neurotisch macht, diese Philosophie falsch sein müsse. »Die meisten Atheisten und Agnostiker sind neurotisch, während die meisten einfachen Katholiken glücklich sind und in Frieden mit sich selbst. Daher sind die Ansichten der Ersten falsch und die der Letzten richtig.«

Selbst wenn diese Beobachtung richtig wäre, ist doch die Folgerung daraus falsch. Das ist, wie wenn du sagen würdest: »Du sagst, es brennt im Erdgeschoss. Du bist bestürzt darüber. Aber da du bestürzt bist, ist offenbar gar kein Feuer vorhanden.« Der Agnostiker, der Skeptiker ist neurotisch, jedoch bedingt das nicht, dass seine Philosophie falsch ist; es schließt nur die Aufdeckung von Tatsachen ein, denen er sich nicht anzupassen vermag. Der Intellektuelle, der der Neurose zu entgehen versucht, indem er vor den Tatsachen flieht, handelt nur nach dem Prinzip: »Wo Unwissenheit selig macht, wäre es Torheit, weise sein zu wollen.«

Wenn Glaube an Ewiges unmöglich wird und es nur den kleinen Ersatz von Glauben an den Glauben gibt, suchen Menschen ihr Glück in den Freuden der Zeit. Wie sehr sie auch immer versuchen mögen, es tief in ihrem Hirn zu begraben, so sind sie sich doch immer bewusst, dass diese Freuden sowohl ungewiss wie kurz sind. Das zeitigt zwei Ergebnisse: Auf der einen Seite hat man Angst, man könnte etwas versäumen, sodass der Geist gierig und nervös von einem Vergnügen zum anderen flattert, ohne in einem davon Ruhe und Befriedigung zu finden. Auf der anderen Seite gibt die fruchtlose Mühe, dauernd nach einem zukünftigen Heil in einem Morgen, das niemals kommt, zu jagen, in einer Welt, in der alles zerfällt, dem Menschen die Haltung des »Was hat es denn überhaupt für einen Zweck?«.

Als Folge davon ist unsere Zeit eine der Fruchtlosigkeit, der Angst, der Aufregung und der Neigung zu »Betäubung«. Irgendwie müssen wir zu erhaschen versuchen, was wir nur können, solange wie es können, und die Erkenntnis betäuben, dass alles nichtig und sinnlos ist. Diese Betäubung nennen wir dann unseren hohen Lebensstandard, eine gewaltsame und vielfältige Anregung der Sinne, die sie fortschreitend immer weniger empfindsam macht, sodass sie eines stets noch stärkeren Anreizes bedürfen.

Wir dürsten nach Ablenkung – nach Anblicken, Tönen, Aufregungen und Nervenkitzeln –, nach einem Panorama, in das möglichst viel von alldem in kürzester Zeit hineingezwängt werden soll.

Um diesen »Standard« aufrechtzuerhalten, sind die meisten von uns bereit, ein Leben hinzunehmen, das vorwiegend darin besteht, mit langweiligen Betätigungen genügend Mittel zu erwerben, um in der Zwischenzeit hektischen und teuren Vergnügungen nachzugehen, die vorübergehende Erleichterung der Langeweile mit sich bringen. Diese Unterbrechungen hält man für das richtige Leben, für den eigentlichen Zweck, dem das notwendige Übel der Arbeit dient. Oder wir bilden uns ein, dass eine Arbeit durch die Gründung einer Familie ihre Rechtfertigung findet, die dann ihrerseits auf der gleichen Linie fortfährt, um eine weitere Familie zu errichten … und dies ad infinitum.

Das ist keine Karikatur. Es ist die nackte Wirklichkeit von Millionen Leben, so allgemein, dass wir uns kaum mit Einzelheiten zu befassen brauchen, außer die Angst und Hoffnungslosigkeit derer festzustellen, die sich damit abfinden müssen, weil sie nichts anderes zu tun wissen.

Aber was *sollen* wir tun? Es scheint zwei Lösungen zu geben. Erstens auf diesem oder jenem Weg einen neuen Mythos zu entdecken oder überzeugend einen alten wiederzuerwecken. Wenn die Wissenschaft nicht beweisen kann, dass es keinen Gott gibt, so können wir versuchen, auf die bloße Chance hin, dass es ihn schließlich doch gibt, zu leben und zu handeln. In einem solchen Spiel scheint man nicht verlieren zu können; denn wenn am Ende der Tod steht, werden wir nie erfahren, dass wir verloren haben. Doch offenbar wird dieses nie zu einem lebendigen Vertrauen führen, denn es ist in Wirklichkeit kaum mehr, als wenn man sagt: »Da die ganze Sache sowieso nutzlos ist, wollen wir tun, als ob sie es nicht wäre!« Die zweite Lösung wäre, zu versuchen, grimmig der nackten Wirklichkeit ins Auge zu sehen, als ob das Leben »ein Märchen sei, von einem Irren erzählt«, und daraus das Bestmögliche zu machen, und uns dabei auf unserer Reise vom Nichts zum Nichts von Wissenschaft und Technik, so gut sie es können, helfen zu lassen.

Doch sind dies nicht die einzigen Lösungen. Wir können damit anfangen, den Agnostizismus der kritischen Wissenschaft anzunehmen. Wir können ehrlich zugeben, dass wir keinerlei wissenschaftliche Grundlagen haben, an Gott, Unsterblichkeit oder an irgendetwas Absolutes zu glauben. Wir können ganz und gar Abstand nehmen von dem Versuch, zu glauben, das Leben einfach so nehmen, wie es ist, und als nichts anderes. Doch gibt es bei diesem Ausgangspunkt noch einen anderen Kurs des Lebens, der weder Mythos noch Verzweiflung erfordert, jedoch eine totale Umwälzung in unserem normalen gewohnten Denken und Fühlen.

Das Ungewöhnliche dieser Umwälzung ist, dass sie die Wahrheit hinter den sogenannten Mythen von überlieferter Religion und Metaphysik enthüllt. Sie enthüllt nicht Glaubensanschauungen, sondern tatsächliche Realitäten, die – in unerwarteter Weise – den Ideen von Gott und ewigem Leben entsprechen. Es gibt Gründe, anzunehmen, dass eine Umwälzung dieser Art ursprüngliche Quelle einiger der großen religiösen Ideen war und zu diesen in Bezug steht, wie die Wirklichkeit zum Symbol und wie die Ursache zum Erfolg. Der allgemeine Irrtum üblicher Religionsausübung ist, das Symbol mit der Wirklichkeit zu verwechseln, auf den Finger zu sehen, der den Weg zeigt, und dann lieber behaglich an ihm zu lutschen, statt ihm zu folgen. Religiöse Ideen sind wie Worte – von wenig Nutzen und häufig irreführend, es sei denn, du kennst die greifbare Wirklichkeit, auf die sie sich beziehen. Das Wort »Wasser« ist ein nützliches Mittel der Verständigung unter denen, die Wasser kennen. Das Gleiche gilt für das Wort und die Idee, die »Gott« genannt wird.

Ich will hier nicht geheimnisvoll scheinen oder mich geheimen Wissens rühmen. Die Wirklichkeit, die übereinstimmt mit Gott und ewigem Leben, ist ehrlich, ohne Arg, einfach und für alle sichtbar. Jedoch verlangt dieses Sehen eine Korrektur des Denkens, genau wie zur Erlangung voller Sehkraft manchmal die Augen einer Korrektur bedürfen.

Die Entdeckung dieser Wirklichkeit wird durch Glauben mehr gehindert als gefördert, gleichgültig, ob es Glaube an Gott oder Atheismus ist. Wir müssen hier klar zwischen Glauben und Vertrauen unterscheiden, weil nach allgemeiner Übung Glauben die Bedeutung eines geistigen Zustandes erlangt hat, der fast das Gegenteil von Vertrauen ist. Glauben – wie ich das Wort hier benutze – ist das Beharren darauf, dass die Wahrheit so ist, wie man sie »gern haben« möchte oder sie sich wünschen würde. Der Glaubende will sein Bewusstsein der Wahrheit unter der Bedingung erschließen, dass sie mit seinen vorgefassten Ideen und Wünschen übereinstimmt. Hingegen ist Vertrauen eine vorbehaltlose Erschließung des Bewusstseins gegenüber der Wahrheit, wie immer auch diese aussehen mag. Vertrauen kennt keine Voreingenommenheit, es ist ein Sprung ins Unbekannte. Glaube klammert sich, Vertrauen aber lässt sich treiben. In diesem Sinn des Wortes ist Vertrauen die grundlegende Tugend der Wissenschaft und ebenso jeder Religion, die nicht Selbsttäuschung ist.

Die meisten von uns glauben, um sich sicher zu fühlen, um ihrem Leben Wert und Bedeutung zu geben. Glauben ist auf diese Weise zu einem Versuch geworden, sich an das Leben zu klammern, es zu fassen und für sich selbst zu behalten. Aber du kannst das Leben und seine Geheimnisse nicht verstehen, solange du es zu fassen suchst. Ja, du kannst es gar nicht ergreifen, ebenso wenig wie du einen Fluss im Eimer davontragen kannst. Wenn du versuchst, fließendes Wasser in einem Eimer einzufangen, so zeigt das, dass du es nicht verstehst und dass du immer enttäuscht sein wirst, denn im Eimer fließt das Wasser nicht. Um fließendes Wasser zu haben, musst du es loslassen, musst du es fließen lassen. Dasselbe gilt für das Leben und für Gott.

Die gegenwärtige Periode menschlichen Denkens und menschlicher Geschichte ist ganz besonders reif für dieses »Loslassen«. Unser Denken ist hierauf vorbereitet gerade durch den Zusammenbruch der Glaubensanschauungen, in denen wir Sicherheit suchten. Von einem Gesichtspunkt aus, der erstaunlicherweise genau mit religiösen Traditionen übereinstimmt, ist dieses Verschwinden der alten Grundfesten und absoluten Begriffe kein Unglück, sondern eher ein Segen. Es zwingt uns nahezu, der Wirklichkeit offenen Gesichts gegenüberzutreten; Gott kannst du auch nur durch einen offenen Geist erkennen, ebenso wie du den Himmel nur durch ein klares Fenster sehen kannst. Du wirst den Himmel nicht sehen, wenn du das Glas mit blauer Farbe bemalt hast.

Jedoch sind »religiöse« Leute, die sich dagegen wehren, die Farbe vom Glas zu kratzen, die die wissenschaftliche Einstellung mit Furcht und Misstrauen betrachten und Vertrauen mit dem Anklammern an gewisse Ideen verwechseln, von merkwürdiger Unkenntnis gegenüber den Gesetzen des geistigen Lebens, die sie in ihren eigenen Überlieferungen finden könnten. Sorgfältiges Studium vergleichender Religion und geistlicher Philosophie offenbart, dass ein Aufgeben des Glaubens, jedes Anklammern an ein eigenes zukünftiges Leben und jeder Versuch, dem Ende und dem Sterblichsein zu entrinnen, eine regelmäßige und normale Station auf dem Weg des Geistes ist. Ja, es ist tatsächlich ein solches »Grundprinzip« geistigen Lebens, dass es von Anbeginn an hätte klar sein müssen, und es erscheint nach allem überraschend, dass wissenschaftlich gebildete Theologen irgendeine andere Haltung gegenüber der kritischen wissenschaftlichen Philosophie einnehmen sollten als die der Zusammenarbeit.

Gewiss ist es nichts Neues, dass das Heil nur durch den Tod Gottes in Menschengestalt kommt. Aber es war vielleicht nicht so leicht zu erkennen, dass die menschliche Gestalt Gottes nicht nur einfach die des überlieferten Christus ist, sondern auch die der Bilder, Ideen und des Glaubens an das Absolute, an welche sich die Menschen in ihrem Denken klammern. Hier findet sich der volle Sinn des Gebotes: »Du sollst dir kein Bildnis noch irgendein Gleichnis machen, des, das oben im Himmel ist … Du sollst keine Götter haben neben mir« (Ex 20,4 und 20,3).

Um die letzte Wahrheit des Lebens zu entdecken – das Absolute, das Ewige, Gott –, musst du aufhören, es in Form von Idolen greifen zu wollen. Solche Idole sind nicht nur die rohen Bilder, wie z.B. die geistige Vorstellung Gottes als eines alten Herrn auf goldenem Thron. Sie sind auch unsere Glaubensanschauungen, unsere wohlgehütete, vorgefasste Meinung über die Wahrheit, die einem vorbehaltlosen Öffnen von Geist und Herz im Weg stehen. Abbilder sind dazu da, die Wahrheit auszudrücken, nicht aber, sie zu besitzen.

Das wurde in den großen Traditionen des Orients immer anerkannt, im Buddhismus, im Vedanta und Taoismus. Der Grundsatz war den Christen nicht unbekannt, denn er lag in der ganzen Geschichte und Lehre von Christus eingeschlossen. Sein Leben war von Anbeginn ein völliges Hinnehmen und Umschließen der Unsicherheit. »Die Füchse haben Gruben, die Vögel haben Nester, aber der Menschensohn hat nichts, wo er sein Haupt hinlegen kann.«

Dieser Grundsatz trifft erst recht zu, wenn man Christus als göttlich im ganz orthodoxen Sinn betrachtet – als die ausschließliche und einzigartige Inkarnation Gottes. Denn das Grundthema der

Christuslegende ist, dass dieses personifizierte Bildnis von Gott zur Quelle des Lebens gerade in dem Augenblick seines Niederganges wird. Den Jüngern, die sich an seine Göttlichkeit in seiner menschlichen Gestalt zu klammern versuchten, erklärt er: »Wenn ein Samenkorn nicht in die Erde fällt und stirbt, so bleibt es allein. Aber wenn es stirbt, so wird es viele Früchte tragen.« In gleichem Sinn warnte er sie: »Es ist gut für euch, dass ich weggehe, denn wenn ich nicht weggehe, so kann der Heilige Geist nicht über euch kommen.«

Diese Worte sind mehr denn je auf Christen anwendbar und drücken genau die ganze Lage unserer Zeit aus. Denn wir haben nie den umwälzenden Sinn, der ihnen unterliegt, verstanden – die unfassliche Wahrheit, dass das, was die Religion die Schau Gottes nennt, dadurch gefunden wird, dass man jeden Glauben an die Vorstellung von Gott aufgibt. Nach dem gleichen Gesetz der Umkehr entdecken wir das »Unendliche« und »Absolute« nicht dadurch, dass wir uns bemühen, der endlichen und relativen Welt zu entfliehen, sondern dass wir ihre Begrenzungen voll und ganz hinnehmen. So paradox es scheinen mag, so finden wir gleicherweise das Leben nur sinnvoll, wenn wir gesehen haben, dass es ohne Zweck ist, und kennen das Geheimnis des Weltalls nur, wenn wir überzeugt sind, dass wir überhaupt nichts darüber wissen. Dem gewöhnlichen Agnostiker, Relativitätsanhänger oder Materialisten gelingt es nicht, diesen Punkt zu erreichen, weil er seinen Gedankengang nicht konsequent bis zum Ende verfolgt – einem Ende, das ihm die Überraschung seines Lebens bringen würde. Viel zu früh verlässt ihn Vertrauen, Aufgeschlossenheit gegenüber der Wirklichkeit, und sein Denken verhärtet sich zur Doktrin. Für die Entdeckung des Mysteriums, des Wunders aller Wunder, braucht es keinen Glauben, denn wir können nur an das glauben, was wir schon gekannt, vorausgesetzt und uns vorgestellt haben. *Dieses* aber liegt jenseits aller Vorstellung. Wir müssen nur unser geistiges Auge weit genug auftun und »die Wahrheit kommt ans Licht«.

Schmerz und Zeit

Jeder von uns hat eine Zeit, in der er die Tiere beneidet. Sie leiden und sterben, aber sie scheinen kein »Problem« daraus zu machen; ihr Leben scheint so wenig kompliziert zu sein. Sie essen, wenn sie hungrig, und schlafen, wenn sie müde sind, und es ist eher Instinkt als Angst, der ihre wenigen Vorbereitungen für die Zukunft bestimmt. Soweit wir es beurteilen können, ist jedes Tier so beschäftigt mit dem, was es im Augenblick tut, dass ihm nie in den Kopf kommt zu fragen, ob das Leben irgendeine Bedeutung oder Zukunft hat. Für das Tier besteht Glücklichsein darin, die unmittelbare Gegenwart zu genießen – nicht aber in der Zusicherung, dass es eine lange Zukunft von Freuden vor sich hat.

Dies geschieht nicht nur, weil das Tier ein verhältnismäßig empfindungsloses Etwas ist. Häufig genug sind Sehkraft, Geruchssinn und Gehör sehr viel schärfer als bei uns, und man braucht kaum zu zweifeln, dass es Futter und Schlaf ungeheuer genießt. Trotz solcher scharfer Sinnesorgane hat es aber nur ein begrenzt empfindsames Gehirn. Dies ist mehr zweckbestimmt als das unsere, weil es eben ein Geschöpf der Gewohnheit ist; es ist unfähig, zu denken und zu folgern, und hat ein außerordentlich begrenztes Vermögen für Erinnerung und Voraussicht.

Fraglos trägt das empfindsame menschliche Gehirn zur Bereicherung des Lebens in unvorstellbarem Maß bei. Jedoch zahlen wir dafür einen teuren Preis; denn das Mehr an Empfindlichkeit macht uns auch entsprechend mehr verletzbar. Je weniger empfindsam man wird, je weniger verwundbar wird man – mehr ein Stein als ein Mensch – und demgemäß weniger empfänglich für Freuden. Empfindsamkeit erfordert ein hohes Maß von Weichheit und Zartheit; Augen, Trommelfell, Geschmack und Nervenenden vereinen sich in dem höchst empfindsamen Organismus des Gehirns. Diese sind nicht nur weich und zart, sondern auch verletzbar. Es scheint offenbar kein wirksames Mittel zu geben, die Zartheit und Verletzlichkeit des Gewebes zu verringern, ohne nicht auch gleichzeitig seine Vitalität und Empfindsamkeit zu vermindern.

Sobald wir Vergnügen intensiv empfinden, sind wir auch Schmerzen entsprechend intensiv ausgesetzt. Das Vergnügen lieben, den Schmerz hassen wir – aber es scheint unmöglich, das eine ohne das andere zu haben. Ja, es sieht so aus, als ob die zwei sich abwechseln müssen, denn fortgesetztes Vergnügen ist ein Anreiz, der gesteigert werden muss, wenn er nicht verblassen soll. Und die Steigerung wird entweder die Sinne durch ihre Spannung abhärten oder sich in Schmerz umwandeln. Fortgesetztes reichhaltiges Essen verdirbt entweder den Appetit oder macht krank. Im entsprechenden Grad, wie das Leben schön gefunden wird, muss der Tod bitter sein. Je mehr wir einen anderen Menschen zu lieben fähig sind und uns seiner Gesellschaft erfreuen, umso größer muss unser Schmerz bei seinem Tod oder bei Trennung sein. Je weiter hinaus in die Erfahrung sich die Macht des Bewusstseins wagt, je höher ist der Preis, den wir für das Wissen zahlen müssen. Es ist verständlich, wenn wir uns manchmal fragen, ob das Leben nicht zu weit in diese Richtung gegangen ist, ob »es der Mühe wert ist«, und ob es nicht besser wäre, den Kurs dieser Entwicklung in die einzig mögliche andere Richtung zu drehen – rückwärts, hin zu dem relativen Frieden der Tiere, der Pflanzen und der Gesteine.

Derartiges wird häufig versucht. Da ist die Frau, deren Gefühle in der Liebe oder Ehe tief verwundet worden sind, die schwört, nie mehr einen anderen Mann mit ihren Gefühlen spielen zu lassen, und die sich nun in die Rolle der harten und verbitterten alten Jungfer begibt. Fast noch häufiger ist der Fall des empfindlichen Knaben, der sich schon in der Schule gegen das Leben mit Rauheit zu wappnen lernt und die Haltung eines »Raubeins« annimmt. Als Erwachsener spielt er in Selbstverteidigung die Rolle des Philisters, dem die Pflege alles Intellektuellen und Gefühlsmäßigen weibisch und verweichlicht erscheint. Zum letzten Extrem geführt, wäre das logische Ende dieser Reaktion gegenüber dem Leben der Selbstmord. Der verhärtete Typ ist ein teilweiser Selbstmord, ein Teil von ihm ist schon tot.

Wenn wir also ganz und gar wie Menschen völlig bewusst und lebendig sein wollen, dann müssen wir – so scheint es – auch bereit sein, für unsere Freuden zu leiden. Ohne diese Bereitwilligkeit kann die Intensität des Bewusstseins nicht zunehmen. Dennoch sind wir, allgemein gesprochen, nicht willig, und der Gedanke, dass wir es sein können, mag uns fremd erscheinen. Denn unsere »ureigenste Natur« setzt sich so gegen den Schmerz zur Wehr, dass allein die Vorstellung, für ihn bereit sein zu sollen, sich mit ihm über einen bestimmten Punkt hinaus abzufinden, unmöglich und bedeutungslos erscheinen mag.

Unter solchen Umständen ist unser Leben ein Konflikt und ein Widerspruch. Denn bewusst leben *muss* beides, Freuden sowohl wie Schmerzen, einschließen. Vergnügen anstreben zu wollen unter Ausschluss des Schmerzes, bedeutet tatsächlich, nicht bewusst zu leben. Solch ein Verlust des Bewusstseins aber ist im Prinzip das Gleiche wie der Tod; das heißt, je mehr wir um das Leben (als ein Vergnügen) kämpfen, desto mehr töten wir tatsächlich, was wir lieben.

Das ist in der Tat die übliche Haltung des Menschen gegenüber so vielem, das er liebt. Denn der größere Teil menschlicher Aktivität wird aufgewendet, diejenigen Erfahrungen und Freuden beständig zu machen, die nur deshalb liebenswert sind, weil sie sich verändern. Musik ist beglückend wegen ihres Rhythmus und Dahinströmens. Der Rhythmus aber wird in dem Augenblick, da du diesen Strom anhältst und eine Note oder einen Akkord über sein Zeitmaß hinaus verlängerst, zerstört. Da das Leben gleicherweise etwas Dahinströmendes ist, sind Wechsel und Tod notwendiger Teil davon; auf ihren Ausschluss hinzuarbeiten, heißt, gegen das Leben hinzuarbeiten.

Jedoch ist das bloße Erfahren des Wechsels von Schmerz und Vergnügen keinesfalls der Kern des menschlichen Problems. Der Grund, weshalb wir uns wünschen, dass das Leben irgendetwas bedeutet, dass wir Gott oder das ewige Leben suchen, liegt nicht nur darin, dass wir einem unmittelbaren Erfahren des Schmerzes zu entgehen versuchen. Noch ist dies der Grund, weshalb wir gewohnheitsmäßig Haltung und Rolle beständiger Selbstverteidigung annehmen. Das wirkliche Problem kommt nicht aus der augenblicklichen Empfindlichkeit dem Schmerz gegenüber, sondern von unserem erstaunlichen Erinnerungsvermögen und unserer Voraussicht; kurz gesagt, von unserem Bewusstsein der *Zeit*.

Für das Tier genügt es, wenn der Augenblick erfreulich ist. Aber der Mensch ist damit kaum je zufrieden. Er ist vielmehr daran interessiert, erfreuliche Erinnerungen und Erwartungen zu haben – besonders Erwartungen. Wenn er deren sicher ist, dann kann er sich auch mit einer ungewöhnlich erbärmlichen Gegenwart abfinden. Ohne diese Sicherheit aber kann er selbst inmitten augenblicklicher physischer Freuden grenzenlos unglücklich sein.

Nehmen wir jemanden, der weiß, dass er sich in zwei Wochen einer Operation unterziehen muss. Bis dahin empfindet er keinerlei Schmerzen, hat alles zu essen, ist von Freunden und menschlicher Zuneigung umgeben, beschäftigt sich mit Dingen, die ihn normalerweise sehr interessieren. Aber der Fähigkeit, sich daran zu erfreuen, ist er durch die beständige Furcht, die er empfindet, beraubt. Gegenüber unmittelbaren Vorgängen um sich herum ist er völlig unempfindlich. Sein Denken ist voreingenommen und beschäftigt mit dem, was noch nicht da ist. Es ist auch nicht so, dass er darüber in zweckmäßiger Weise nachdenkt, sich z.B. überlegt, ob er die Operation machen lassen soll oder nicht, wie er für seine Familie und seine Angelegenheiten vorsorgt, wenn er sterben sollte. Diese Entscheidungen wurden schon getroffen. Vielmehr denkt er über diese Operation in einer völlig sinnlosen Weise nach, die ihm sowohl jede Freude am Augenblick nimmt als auch in keiner Weise zur Lösung des Problems beiträgt. Aber er kann sich nicht helfen.

Das ist das typische menschliche Problem. Der Gegenstand der Angst braucht nicht eine unmittelbar bevorstehende Operation zu sein. Es kann das Problem der Miete des nächsten Monats sein, eines drohenden Krieges oder sozialen Elends, des Sparens für das Alter oder schließlich des Sterbens. Dieser Störenfried der Gegenwart braucht durchaus nicht eine Furcht vor der Zukunft zu sein. Er kann sogar aus der Vergangenheit sein, eine Erinnerung an ein Leid, an ein Verbrechen oder eine Indiskretion, die die Gegenwart mit einem Gefühl des Unwillens oder der Schuld belastet. Die Macht der Erinnerungen und Erwartungen ist derart wirklich, dass für die meisten Menschen Vergangenheit und Zukunft noch wirklicher sind als die Gegenwart. Die Gegenwart kann nicht glücklich gelebt werden, wenn die Vergangenheit nicht bereinigt und die Zukunft nicht hell mit Versprechungen ist.

Ohne Zweifel ist die Macht, zu erinnern und vorauszusehen, aus einem heillosen Durcheinander nicht miteinander zusammenhängender Augenblicke eine ordentliche Reihenfolge zu machen, eine wundervolle Entwicklung der Empfindsamkeit. In gewisser Weise ist es *die* große Leistung des menschlichen Gehirns, die dem Menschen die ganz ungewöhnlichen Kräfte des Überlebens und der Anpassung an das Leben gibt. Jedoch ist die Art, in der wir im Allgemeinen diese Kräfte benutzen, geeignet, alle ihre Vorzüge zu zerstören. Was hat es denn für einen Sinn für uns, uns zu erinnern und vorauszusehen, aber dafür unfähig zu sein, die Gegenwart voll zu genießen?

Was hat es für einen Zweck zu planen, was man nächste Woche essen könnte, wenn man nicht die Mahlzeiten genießen kann, wie sie kommen? Wenn ich damit beschäftigt bin, mir nur auszurechnen, was ich nächste Woche essen könnte, dass ich gar nicht dazu komme, das, was ich *jetzt* esse, richtig zu genießen, werde ich in der kommenden Woche in der gleichen Verlegenheit sein, wenn das Mahl der nächsten Woche das »gegenwärtige« sein wird.

Wenn mein Glück des Augenblicks hauptsächlich darin besteht, die glücklichen Erinnerungen und Erwartungen zu genießen, bin ich der Gegenwart nur schwach bewusst. Ich werde mir auch nur schwach der Gegenwart bewusst sein, wenn diese guten Dinge, die ich erwartet habe, sich ereignen. Denn es ist meine Gewohnheit geworden, nach rückwärts und vorwärts zu schauen, was es mir schwer macht, das »Hier« und »Jetzt« wahrzunehmen. Wenn mich somit Vergangenheit und Zukunft weniger die Gegenwart gewahr werden lassen, muss ich mir überlegen, ob ich wirklich in dieser Welt lebe.

Schließlich ist die Zukunft gänzlich bedeutungslos und unwichtig, es sei denn, dass sie – früher oder später – zur Gegenwart wird. Auf diese Weise ist es kaum törichter, sich auf eine Zukunft einzustellen, die nicht zur Gegenwart wird, als auf eine Zukunft, die – wenn sie schließlich doch auf mich zukommt – mich »abwesend« finden wird und der ich dann über die Schulter statt ins Gesicht schaue.

Diese Art des Lebens in der Fantasie der Erwartung, anstatt in der Wirklichkeit der Gegenwart, ist die ausgesprochene Sorge derjenigen Geschäftsmänner, die nur leben, um Geld zu verdienen. So viele wohlhabende Leute verstehen mehr vom Geldmachen und -sparen als davon, es zu genießen und auszugeben. Sie versäumen zu leben, weil sie sich immer auf das Leben vorbereiten. Anstatt für das Leben zu verdienen, verdienen sie, um zu verdienen. Und dadurch sind sie, wenn einmal die Zeit kommt, sich zur Ruhe zu setzen, unfähig, dies zu tun. Viele der »erfolgreichen« Männer sind angeödet und elend, wenn sie sich von der Arbeit zurückziehen, und kehren zu ihrer Arbeit zurück, nur um einen Jüngeren daran zu hindern, seinen Platz einzunehmen.

Die Art und Weise, in der wir Erinnerung und Voraussicht benutzen, macht uns noch von einem anderen Gesichtspunkt her eher weniger als mehr anpassungsfähig für das Leben. Wenn wir, um uns einer angenehmen Gegenwart zu erfreuen, auch noch die Gewissheit einer glücklichen Zukunft haben *müssen*, so »greifen wir nach den Sternen«. Wir haben keine solche Gewissheit. Die besten Voraussagen gehen immer noch nur vom Möglichen, nicht vom Sicheren aus, und nach unserem besten Wissen wird jeder von uns leiden und sterben. Wenn wir also nicht ohne eine sichere Zukunft glücklich leben können, sind wir bestimmt nicht befähigt, in einer endlichen Welt zu leben, in der –

trotz bester Planung – Unglücksfälle geschehen können und in der am Ende der Tod kommt.

Das also ist das menschliche Problem: Jede Steigerung des Bewusstseins verlangt einen Preis. Man kann nicht das Vergnügen stärker empfinden, ohne auch gleichzeitig gegenüber dem Schmerz empfindlicher zu sein. Im Erinnern an Vergangenes können wir für eine Zukunft planen. Jedoch ist das Vermögen, nach Annehmlichkeit zu streben, aufgehoben durch das »Vermögen«, Schmerzen zu empfinden und Unbekanntes zu fürchten. Darüber hinaus gibt uns die Steigerung eines so ausgebildeten Sinnes für Vergangenheit und Zukunft ein entsprechend schwaches Empfinden für die Gegenwart. Mit anderen Worten: Wir scheinen an einem Punkt angelangt zu sein, wo die Vorteile des bewussten Seins aufgehoben sind durch dessen Nachteile, wo äußerste Empfindsamkeit uns die Anpassungsfähigkeit nimmt.

Unter solchen Umständen empfinden wir einen Konflikt mit unserem eigenen Körper und der ihn umgebenden Welt, und es ist tröstlich, denken zu können, dass wir in dieser widerspruchsvollen Welt nur »Fremde und Pilger« sind. Denn wenn unsere Wünsche nicht mehr im Gleichklang sind mit all dem, was uns die endliche Welt zu bieten vermag, so scheint es, als ob unsere Natur nicht von dieser Welt sei, als ob unsere Herzen für das Unendliche, nicht aber für das Endliche geschaffen seien. Die Unzufriedenheit unserer Seele würde als Merkmal und Siegel ihrer Göttlichkeit erscheinen.

Beweist aber der Wunsch nach irgendetwas, dass dieses Irgendetwas existiert? Wir wissen, dass dies nicht unbedingt der Fall ist. Tröstlich mag die Annahme sein, dass wir Bürger sind einer anderen als dieser Welt, die nach ihrer Verbannung auf die Erde zurückzukehren vermögen in die wahre Heimat ihrer Sehnsucht und Wünsche. Wenn wir aber doch Bürger dieser Welt sind und es also keine endgültige Befriedigung für die Unzufriedenheit der Seele gibt, hat dann nicht die Natur bei der Erschaffung des Menschen einen ernstlichen Irrtum begangen?

Denn es könnte scheinen, als sei das Leben des Menschen ein hoffnungsloser Konflikt in sich selbst. Um glücklich zu sein, müssen wir erlangen, was wir nicht bekommen können. Im Menschen hat die Natur Begierden geschaffen, die zu befriedigen unmöglich ist.

Um den Quell der Freude mehr auskosten zu können, musste sie Fähigkeiten im Menschen hervorbringen, die ihn auch umso schmerzempfindlicher machen. Sie hat uns die Macht gegeben, die Zukunft zu einem kleinen Teil zu erkennen. Der Preis dafür ist das fruchtlose Wissen letztlichen Geschlagenseins. Finden wir dieses widersinnig, so würde das nur heißen, dass die Natur uns mit Intelligenz versah, um sie der Widersinnigkeit zu zeihen. Bewusstsein scheint der Natur geniale Methode zur Selbstpeinigung zu sein.

Natürlich wollen wir nicht gern glauben, dass das

wahr ist. Es wäre jedoch leicht zu beweisen, dass bei den meisten Gegengründen nur der Wunsch der Vater des Gedankens ist – die Methode der Natur, Selbstmord aufzuschieben, damit der Irrsinn weitergeht. Vernünftiges Denken reicht also nicht aus. Wir müssen tiefer schürfen. Wir müssen in dieses Leben, in diese Natur, deren wir innerlich bewusst geworden sind, hineinblicken und herausfinden, ob sie wirklich mit sich im Konflikt ist, ob sie *wirklich* die Sicherheit und Schmerzlosigkeit ersehnt, zu deren Genuss ihre einzelnen Gestaltungen nie gelangen.

Der große Strom

Wir scheinen wie Fliegen zu sein, die im Honig gefangen sind. Weil Leben süß ist, wollen wir es nicht aufgeben, und je mehr wir darin aufgehen, je mehr werden wir eingefangen, eingeengt und enttäuscht. Wir lieben und hassen es gleichzeitig. Wir hängen unsere Neigung an Menschen und Besitztümer, nur um gleichzeitig von Angst um sie gequält zu werden. Der Konflikt besteht nicht nur zwischen uns selbst und der uns umgebenden Welt; er besteht zwischen uns selbst und uns. Denn die widerspenstige Natur ist sowohl in uns wie um uns. Das aufregende »Leben«, das zugleich liebenswert und vergänglich ist, voller Freude und Schmerz, ein Segen und ein Fluch, ist auch das Leben unserer eigenen Körper.

Es ist, als wären wir in zwei Teile geteilt. Auf der einen Seite ist das bewusste geistige »ICH«, ebenso neugierig wie enttäuscht, diese Kreatur, die in der Schlinge gefangen ist. Auf der anderen Seite ist das andere »ICH«, und das ist ein Teil der Natur – der eigensinnige, launische Leib mit all seinen zusammenwirkenden schönen und enttäuschenden Grenzen. Das geistige »ICH« sieht sich als ein vernünftiger Kerl und kritisiert ständig das andere »ICH« wegen seiner Verderbtheit, weil es Leidenschaften hat, die das geistige »ICH« in Schwierigkeiten bringen, weil es so anfällig für schmerzhafte und störende Erkrankungen ist, weil es Organe besitzt, die sich erschöpfen, und Begierden, die nicht erfüllbar sind – so geschaffen, dass du, wenn du versuchen würdest, alle schließlich und einmalig mit einem großen Knalleffekt zu befriedigen, krank werden würdest.

Das Aufregendste am »ICH«, an der Natur und am Weltall ist vielleicht, dass es sich nie festhalten lässt. Es ist wie eine schöne Frau, die nie zu greifen ist und deren Charme gerade in dieser Flüchtigkeit liegt. Denn das Vergängliche und Wechselnde dieser Welt gehört untrennbar zu ihrem lebendigen und liebenswürdigen Inhalt. Darum sind die Dichter meist dort am besten, wo sie über den Wechsel sprechen, über »die Flüchtigkeit des menschlichen Lebens«. Die Schönheit solcher Poesie liegt noch in mehr als nur dem Heimweh, das einen Schluchzer hervorruft:

Unser Festen fand ein Ende; die mitgewirkt,
wie ich vorausgesagt, nur Geister waren es,
verhaucht in Luft, in dünne Luft.
Und gleich dem schwerelosen Inhalt
solchen Traumes –
die wolkenumhüllten Türme,
prunkhaften Paläste,

feierlichen Tempel, der große Erdball selbst,
ja, alles, was es einschließt, löst sich auf
und wird gleich diesem Spiel aus Nichts
nicht eine Spur mehr hinterlassen.

In dieser Schönheit ist mehr als nur die Folge melodiöser Bilder, und das Thema der Auflösung borgt nicht einfach seinen Glanz von den Dingen, die sich auflösten. Es kommt der Wahrheit näher, dass die Bilder, obwohl in sich selbst schön, erst im Akt der Auflösung zum Leben kommen. Der Dichter nimmt ihnen ihre statische Festigkeit und wandelt diese, die sonst nur statuenhaft und architektonisch sein würde, in eine Schönheit der Musik um, die, sobald sie erklingt, auch erstirbt. Türme, Paläste und Tempel fangen an zu schwingen und bersten vom Übermaß des Lebens in ihnen. Vergehen heißt leben; verweilen und verlängern heißt sterben.

»Es sei denn, dass das Weizenkorn in die Erde falle und ersterbe, so bleibt's allein; wo es aber erstirbt, so bringt es viele Früchte« (Joh 12,24).

Die Dichter haben die Wahrheit erkannt, dass Leben, Wechsel, Bewegung und Unsicherheit nur viele andere Namen für das Gleiche sind. Hier – wie überall – ist Wahrheit Schönheit, denn Bewegung und Rhythmus sind das Wesen aller liebenswerten Dinge. In Bildhauerei, Architektur und Malerei ist das Beendete in der Form erstarrt, doch findet das Auge nur dann ein Vergnügen, wenn die Form einer gewissen Symmetrie entbehrt, wenn zu

Stein Erstarrtes aussieht, als wäre es inmitten der Bewegung.

Ist es also nicht ein befremdlicher innerer Widerspruch und ein unnatürliches Paradoxon, dass das geistige »ICH« sich dem Wechsel im anderen »ICH« und dem ihn umgebenden Universum widersetzt? Der Wechsel ist nicht nur eine zerstörende Kraft. Jedwede Form ist in Wirklichkeit eine Bewegung, und jede lebende Sache ist wie der Fluss, der, würde er nicht irgendwo ausströmen, nie imstande wäre, einzuströmen. Leben und Tod sind nicht einander entgegengesetzte Kräfte; es sind lediglich zwei verschiedene Arten, die gleiche Kraft zu sehen, denn die Bewegung des Wechsels ist ebenso aufbauend wie zerstörend. Der menschliche Körper lebt, weil er ein Gefüge von Bewegungen ist, von Kreislauf, Atmung und Verdauung. Zu versuchen, dem Wechsel zu widerstehen, sich ans Leben zu klammern, ist daher so, als ob du den Atem anhieltest. Wenn du dabei beharrst, so tötest du dich selbst.

Wenn wir an uns selbst als geistiges »ICH« und körperliches »ICH« denken, liegt es nahe zu vergessen, dass das Bewusstsein auch lebt, weil es sich bewegt. Es ist ebenso Teil und Produkt des strömenden Wechsels, wie es der Körper und die ganze natürliche Welt ist. Wenn du dir das sorgfältig betrachtest, wirst du sehen, dass Bewusst-Sein – die Sache, die du das geistige »ICH« nennst – in Wirklichkeit ein Strom von Erfahrungen, Empfindungen, Gedanken und Gefühlen ist, ständig in Bewegung. Aber da diese Erfahrungen Erinnerungen enthalten, sind wir unter dem Eindruck, dass dies »ICH« etwas Feststehendes und Bewegungsloses ist, gleich einer Tafel, auf die das Leben seine Aufzeichnungen macht.

Da diese »Tafel« sich mit dem schreibenden Finger bewegt, wie der Fluss mit dem Wellengekräusel entlangfließt, ist Erinnerung wie ein Bericht auf Wasser geschrieben, ein Bericht, nicht fest eingraviert, sondern von Wellen, die von anderen Wellen bewegt werden und die man Eindrücke und Tatsachen nennt. Der Unterschied zwischen dem geistigen »ICH« und dem anderen »ICH« ist vornehmlich eine Illusion der Erinnerung. In Wahrheit ist das geistige »ICH« gleicher Natur wie das andere »ICH«. Es ist ein Teil unseres ganzen Seins, genau wie der Kopf Teil unseres Körpers ist. Aber wenn dies nicht erkannt ist, werden geistiges »ICH« und körperliches »ICH«, Kopf und Körper miteinander entzweit sein. Das geistige »ICH«, das nicht verstehen will, dass es ebenfalls ein Teil vom Strom des Wechsels ist, wird versuchen, aus Welt und Erfahrung einen Sinn zu machen, indem es sie zu fixieren trachtet.

So kommt es zu einem Krieg zwischen Bewusstsein und Natur, zwischen dem Wunsch nach Beständigkeit und der Tatsache des unaufhörlichen Wechsels.

Dieser Krieg muss aber unnütz und eitel sein – ein Circulus vitiosus –, denn es ist ein Konflikt zwischen zwei Teilen der gleichen Sache. Er führt Gedanken und Handlungen in einen immer schnelleren Kreislauf, der nirgendwohin führt. Denn wenn wir nicht einsehen, dass unser Leben Wechsel ist, richten wir uns gegen uns selbst und werden wie Ouroboros, die irregeführte Schlange, die sich in den Schwanz zu beißen versucht. Ouroboros ist das dauernde Symbol aller Zirkelschlüsse und eines jeden Versuchs, uns auseinanderzusprengen und einen Teil zum Herrscher des anderen zu machen.

Sosehr wir uns auch mühen, »Festlegen« kann niemals dem Wechsel Sinn verleihen. Der einzige Weg, dem Wechsel Sinn zu geben, ist sich hineinzustürzen, mitzugehen und sich dem Tanz anzuschließen. Religion, wie die meisten von uns sie kannten, hat ganz offenbar versucht, durch »Festlegung« diesem Leben Sinn zu geben. Sie hat versucht, diese vorübergehende Welt dadurch sinnvoll zu machen, dass sie sie in Beziehung setzte zu einem unwandelbaren Gott, und Ziel und Zweck in einem unsterblichen Leben zu sehen, in dem das Einzelwesen eins wird mit der unwandelbaren Natur der Gottheit.

»Schenk ihnen die ewige Ruhe, o Gott,
und lass das ewige Licht leuchten über sie.«

Gleicherweise versucht sie Sinn in die wirbelnde Bewegung der Geschichte zu bringen, indem sie sie mit den festen Gesetzen Gottes in Beziehung bringt, »dessen Wort ewig währt«.

So haben wir uns selbst ein Problem geschaffen, indem wir das Verständliche mit dem Festgelegten verwechseln. Wir sind der Ansicht, dass es unmöglich ist, aus diesem Leben einen Sinn zu machen, es sei denn die Flut der Ereignisse ließe sich in einen starren Rahmen fügen. Um das Leben sinnvoll zu machen, muss es erst in festen Ideen und Gesetzen verständlich werden, und diese wiederum müssen korrespondieren mit unwandelbaren und ewigen Wahrheiten hinter diesem wechselnden Schauplatz[1]. Aber wenn dies bedeutet, »aus dem Leben einen Sinn machen«, haben wir uns selbst die undurchführbare Aufgabe gestellt, aus Strömendem etwas Festes machen zu wollen.

Bevor wir darangehen, herauszufinden, ob es nicht noch einen besseren Weg gibt, unser Universum zu verstehen, müssen wir klar erkennen, wie dieses Durcheinander von »Sinn« und »Festigkeit« entstanden ist.

Der Ursprung dieser Schwierigkeit besteht darin, dass wir die Macht des Denkens so schnell und einseitig entwickelt haben, dass wir darüber die richtige Relation zwischen Gedanken und Ereignissen, Worten und Dingen vergessen haben. Bewusstes Denken ist zu schnell vorangeschritten und hat seine eigene Welt geschaffen, und wenn diese als im Gegensatz zur wirklichen Welt stehend gefunden wird, haben wir das Gefühl eines grundlegenden Misstons zwischen dem »ICH«, dem bewussten Denker, und der Natur. Diese einseitige Entwicklung des Menschen ist nicht nur den Intellektuellen oder »gescheiten« Leuten eigentümlich; sie ist vielmehr nur ein besonders auffälliges Beispiel für eine Tendenz, die unsere gesamte Zivilisation beeinflusst hat.

Was wir vergessen haben ist, dass Gedanken und Worte auf Vereinbarungen beruhen und dass es verhängnisvoll ist, solche Konventionen zu ernst zu nehmen. Eine Vereinbarung ist eine soziale Erleichterung, wie zum Beispiel das Geld. Geld enthebt uns der Unbequemlichkeit des Tausches. Und doch ist es absurd, Geld zu ernst zu nehmen, es mit wirklichem Reichtum zu verwechseln, denn es wird dir nichts nützen, wenn du es essen oder an Stelle von Kleidern tragen willst. Geld ist mehr oder weniger statisch, denn Gold, Silber, gutes Papiergeld oder eine Bankbilanz können lange Zeit »unveränderlich« bleiben. Jedoch sind wirkliche Werte, wie Nahrung, verderblich. So mag eine Gemeinde alles Geld der Welt besitzen, sie wird doch verhungern, wenn sie ihre Felder nicht bestellt.

In irgendwie gleicher Weise sind Gedanken, Ideen und Worte »Münzen« für wirkliche Dinge. Sie sind nicht die Dinge selbst, und obzwar sie sie darstellen, so stimmen sie doch in vieler Hinsicht nicht mit ihnen überein. Wie es mit Geld und Reichtum ist, so ist es mit Gedanken und Dingen; Ideen und Worte sind mehr oder weniger stabil, während die wirklichen Dinge wechseln.

Es ist leichter, »ICH« zu sagen, als auf deinen

eigenen Körper zu zeigen und zu sagen, ich »möchte«, als zu versuchen, ein unklares Gefühl in Mund und Magen anzudeuten. Es ist bequemer, »Wasser« zu sagen, als deinen Freund zu einem Brunnen zu führen und entsprechende Bewegungen zu machen. Es ist auch durchaus angenehm, übereinzukommen, die gleichen Worte für die gleichen Dinge zu benutzen und diese Worte unveränderlich zu lassen, obwohl die von uns gemeinten Dinge in ständiger Bewegung sind.

Im Anfang muss die Macht der Wörter magisch erschienen sein, und wirklich, die Wunder, die das mit Worten ausdrückbare Denken bewirkt hat, haben diesen Eindruck gerechtfertigt. Wie wunderbar muss es gewesen sein, sich der lästigen Zeichensprache zu entledigen und einen Freund einfach durch einen kurzen Laut herbeizurufen – durch seinen Namen! Kein Wunder, dass Namen als eine unheimliche Offenbarung übernatürlicher Macht betrachtet wurden und dass Menschen ihre Namen mit ihren Seelen identifizierten oder sie zur Beschwörung von Geisterkräften benutzten. Die Macht des Wortes ist den Menschen tatsächlich in mehr als einer Beziehung zu Kopf gestiegen. Erklären bedeutet fast dasselbe wie Verstehen. Und noch wichtiger: Das Wort hat den Menschen befähigt, sich selbst zu erklären – einen bestimmten Teil seiner Erfahrungen als »ICH« zu kennzeichnen.

Vielleicht ist das die Bedeutung des alten Glaubens, dass der Name die Seele ist. Denn kennzeichnen heißt isolieren, es heißt, irgendeinen Formenkomplex vom Strom des Lebens zu trennen und zu sagen: »Das bin ICH.« Sobald der Mensch sich benennen und kennzeichnen kann, hat er das Gefühl einer Identität. Auf diese Weise fühlt er sich – wie das Wort – abgesondert und statisch gegenüber der wirklichen, fließenden Welt der Natur.

Mit diesem Gefühl des Abgesondertseins beginnt auch das Empfinden eines Konfliktes zwischen dem Menschen auf der einen und der Natur auf der anderen Seite. Sprache und Gedanken plagen sich mit diesem Konflikt, und die Magie, die einen Menschen mittels seines Namens herbeirufen kann, wird auch auf das Weltall angewendet. Dessen Mächte werden bezeichnet, personifiziert und in Mythologie und Religion beschworen. Naturgeschehen wird fasslich gemacht, denn aller regelmäßige Verlauf – wie der Kreislauf der Sterne und der Jahreszeiten – kann in Worte gefasst und dem Walten von Göttern oder Gott, dem ewigen Wort zugeschrieben werden. In späterer Zeit beschreitet die Wissenschaft denselben Weg, ergründet jede Art von Regelmäßigkeit im Weltall, bezeichnet und ordnet ein und macht auf noch geheimnisvollere Weise von ihnen Gebrauch.

Aber da es in der Natur der Worte und Gedanken liegt, feststehend, bestimmt und isoliert zu sein, ist es ungewöhnlich schwierig, das bedeutendste Merkmal des Lebens, seine Bewegung und sein Strömen, zu beschreiben.

Genau wie das Geld weder die Essbarkeit noch die Verderblichkeit von Nahrungsmitteln darstellt, genau so wenig stellen Worte und Gedanken die Vitalität des Lebens dar. Die Beziehung zwischen Gedanken und Bewegung ist etwa wie der Unterschied zwischen dem lebendigen Menschen, der läuft, und einem Film, der dieses Laufen mittels einer Folge bewegungsloser Bilder zeigt.

Wir nehmen unsere Zuflucht zu dem alten Begriff der bewegungslosen Bilder, wenn immer wir an einen sich bewegenden Körper denken oder ihn schildern wollen; z.B. einen Zug, indem wir feststellen, dass er um die und die Zeit an den und den Orten ist. Das ist jedoch nicht ganz richtig. Du kannst zwar sagen, dass ein Zug gerade »jetzt« an einer bestimmten Stelle ist. Es kostet aber einige Zeit, dieses »jetzt« zu sagen, und während dieser Zeit, so kurz auch immer sie sein mag, hat sich der Zug noch bewegt. Du kannst also nur behaupten, dass der fahrende Zug tatsächlich an einem gewissen Punkt in einem gewissen Augenblick hält, wenn beide unendlich klein sind. Aber unendlich kleine Punkte und feste Augenblicke sind immer vermeintliche Punkte, mehr Bruchteil der mathematischen Theorie als der wirklichen Welt.

Es kommt wissenschaftlichen Kalkulationen sehr gelegen, Bewegung als eine Serie kleiner Zuckungen oder Ruhemomente anzusehen. Die Verwirrung aber beginnt, wenn die so zweckdienlich beschriebene und beurteilte Welt mit der Welt der

Erfahrung identifiziert wird. Eine Serie feststehender Bilder, außer wenn diese rasch vor deinen Augen bewegt würden, erreicht nicht die wirkliche Lebendigkeit und Schönheit der Bewegung. Die Erklärung und Beschreibung lässt das Wesentlichste fort. So nützlich diese Vereinbarungen für Zwecke des Rechnens, der Sprache und der Logik sind, so absurd wäre es anzunehmen, dass die Art Sprache, die wir benutzen, oder die Logik, mit der wir denken, tatsächlich die »physikalische« Welt beschreiben oder erklären könnte. Ein Teil vergeblichen menschlichen Strebens ist es, sich an den Glauben gewöhnt zu haben, mit Sprache und Gedanken Erklärungen zu bieten, die diese nicht geben können. In diesem Sinn das Leben »fasslich« machen zu wollen heißt, es als etwas anderes als das Leben sehen zu wollen. Es hieße, einen Film dem wirklich laufenden Mann vorziehen zu wollen. Sich einzureden, dass das Leben »sinnlos« ist, wenn das »Ich« nicht beständig sein kann, würde nichts weiter sein, als verzweifelt in eine Elle verliebt zu sein. Worte und Maße geben kein Leben; sie versinnbildlichen es nur. Auf diese Weise sind alle in Worten niedergelegten »Erklärungen« des Universums ein Kreislauf und lassen die wesentlichsten Dinge unerklärt und unbeschrieben.

Das Wörterbuch selbst ist ein Kreislauf. Es erklärt Worte durch andere Worte. Das Wörterbuch nähert sich dem Leben etwas mehr, wenn es neben einem Wort ein Bild zeigt. Aber man wird bemerken, dass alle Bilder in Wörterbüchern mehr Haupt- als Zeit-Worten beigeordnet sind. Eine Illustration des Zeit-Wortes »laufen« müsste eine Serie von feststehenden Bildern, gleich einem Bildstreifen, sein, denn Worte und feststehende Bilder können weder eine Bewegung zeichnen noch erklären.

Sogar die Hauptworte sind Vereinbarungen. Du bestimmst dieses wirkliche, lebende »Etwas« nicht dadurch, dass du es mit dem Laut »Mensch« bezeichnest. Wenn wir sagen: »Dieses (mit dem Finger zeigend) ist ein Mensch«, so ist dies Ding, auf das wir zeigen, nicht Mensch. Um es klarer zu machen, hätten wir sagen sollen: »Dies wird dargestellt durch den Laut Mensch.« Was also ist dies? Wir wissen es nicht. Das heißt, wir können ihm nicht irgendeine feste Bezeichnung geben, obzwar wir es im anderen Sinn als unsere unmittelbare Erfahrung kennen – ein fließender Prozess, ohne bestimmbaren Beginn oder Schluss. Es ist Vereinbarung allein, die mich überzeugt, dass ich einfach dieser Körper bin, der von der Haut räumlich, durch Geburt und Tod zeitlich begrenzt ist.

Wo im Raum beginne und ende ich? Ich habe Verbindung zu Sonne und Luft, die ebenso lebenswichtige Teile meines Daseins sind wie mein Herz. Die Bewegung, von der ich ein Teilchen und eine Windung bin, begann unendliche Zeiten vor dem (durch Vereinbarung herausgegriffenen) »Geburt« genannten Ereignis und wird lange über das Ereignis, Tod genannt, hinaus anhalten. Nur Worte und Vereinbarungen können uns von dem gänzlich Unbestimmbaren »Irgendetwas« absondern, das alles ist.

Das sind nützliche Worte, solange wir sie als Vereinbarungen behandeln und sie wie die vorgestellten Längen- und Breitengrade benutzen, die auf Landkarten verzeichnet sind, aber sich nicht wirklich auf der Oberfläche der Erde befinden. In der Praxis sind wir alle von Worten verhext. Wir bringen sie durcheinander mit der wirklichen Welt und versuchen darin zu leben, als wäre sie die Welt des Wortes. Infolgedessen sind wir sprachlos vor Erstaunen und erschrocken, wenn sie nicht passen. Je mehr wir in der Welt des Wortes zu leben versuchen, je mehr abgesondert und allein fühlen wir uns, je mehr wird die Freude und das Leben der Dinge eingetauscht für bloße Gewissheit und Sicherheit. Je mehr wir auf der anderen Seite gezwungen werden, zuzugeben, dass wir tatsächlich in der wirklichen Welt leben, umso unwissender, ungewisser und unsicherer fühlen wir uns hinsichtlich aller Dinge.

Jedoch kann es keine geistige Gesundung geben, solange der Unterschied zwischen diesen beiden Welten nicht erkannt wird. Reichweite und Zweck der Wissenschaft sind traurig missverstanden, wenn das Weltall, das sie beschreibt, durcheinandergebracht wird mit dem Universum, in welchem der Mensch lebt. Die Wissenschaft redet von einem Symbol des wirklichen Weltalls, und dieses Symbol hat etwa denselben Wert wie Geld. Es ist bequem und zeitsparend, um praktische Vorkehrungen treffen zu können. Jedoch, wenn Geld und Wohlstand, Realität und Wissenschaft miteinander vermengt werden, wird das Symbol zu einer Last.

Gleicherweise ist das Weltall, beschrieben in formaler, dogmatischer Religion, nicht mehr als ein Symbol der wirklichen Welt, ebenso aus verbalen und vereinbarten Bezeichnungen konstruiert. »Diese Person« trennen zu wollen vom Rest des Weltalls, heißt, eine vereinbarte Trennung zu machen. Zu wünschen, dass »diese Person« ewig sei, würde den Wunsch bedeuten, Worte zu Wirklichkeit werden zu lassen und darauf zu bestehen, dass eine Vereinbarung auf immer und ewig andauere. Wir dürsten nach Beständigkeit von etwas, das nie bestand. Die Wissenschaft hat die religiösen Symbole der Welt »zerstört«, weil – sobald Symbole mit der Wirklichkeit durcheinandergemengt werden – verschiedene Wege, die Wirklichkeit zu versinnbildlichen, einander entgegengesetzt erscheinen.

Der wissenschaftliche Weg, die Welt zu versinnbildlichen, ist den Nützlichkeitszwecken geeigneter als der religiöse Weg, aber das heißt nicht etwa, dass er irgendwie mehr »Wahrheit« bringt. Ist es wahrer, Kaninchen nach ihrem Fleisch oder ihrem Fell einzuteilen? Das hängt davon ab, was du mit ihnen zu tun beabsichtigst. Das Zusammenprallen von Wissenschaft und Religion hat nicht bewiesen, dass Religion falsch und Wissenschaft richtig ist. Es hat nur gezeigt, dass alle Systeme der Bezeichnung je nach den verschiedenen Zwecken relativ sind und dass keines von ihnen tatsächlich die »Wirklichkeit erfasst«. Und da die Religion als Mittel für tatsächliches Begreifen und Besitzen des Mysteriums Leben missbraucht wurde, war eine gewisse Entthronung nötig.

Im Verlauf der Versuche, das Universum auf diese oder jene Weise, für diesen oder jenen Zweck versinnbildlichen zu wollen, scheinen wir den Sinn für wirkliche Lebensfreude und die Bedeutung des Lebens selbst verloren zu haben. All die verschiedenen Erklärungen des Weltalls hatten weitergehende Motive, befassten sich mehr mit der Zukunft als der Gegenwart. Die Religion will die Zukunft über den Tod hinaus zusichern, während die Wissenschaft sie bis zum Tod zusichert und diesen hinauszuschieben wünscht. Aber das Morgen und Pläne für das Morgen können keinerlei Bedeutung haben, wenn du nicht in voller Fühlung mit der Wirklichkeit der Gegenwart bist, da es die Gegenwart ist und nur die Gegenwart, in der du lebst. Es gibt keine andere Wirklichkeit als die gegenwärtige Wirklichkeit, sodass – selbst wenn man endlose Zeitalter leben würde – ein Für-die-Zukunft-Leben immerwährend am eigentlichen Punkt vorbeigehen würde. Es ist gerade die Realität der Gegenwart, dieses bewegte, lebendige JETZT, das sich aller Erklärung und Beschreibung entzieht. Hier ist diese mysteriöse, wirkliche Welt, die Worte und

Ideen nie festzunageln vermögen. Immer nur für die Zukunft leben heißt, dass wir nicht mehr in Fühlung sind mit der Quelle und dem Mittelpunkt des Lebens, und als Ergebnis kam all die Magie des Benennens und Denkens zu etwas wie einem vorübergehenden Zusammenbruch.

Die Wunder der Technik zwingen uns, in einer hektischen Uhrwerks-Welt zu leben, die der menschlichen Biologie Gewalt antut und uns zu weiter nichts befähigt, als der Zukunft schneller und schneller nachzueilen. Bedachtsames Überlegen sieht sich außerstande, das Stärkerwerden der Bestie im Menschen zu beherrschen, einer Bestie, noch bestialischer als irgendein durch die Jagd nach einer Illusion verrücktes und verzweifeltes, wildes Tier. Die Spezialisierung in Wortbildung, Einordnung und mechanischem Denken hat den Menschen viele wunderbare Kräfte des »Instinktes« verlieren lassen, die seinen Körper beherrschen. Es hat ihn darüber hinaus vollkommen abgetrennt vom Weltall und seinem eigenen »ICH«. Und auf diese Weise fühlt sich das isolierte »ICH« – wenn alle Philosophie sich in Relativismus aufgelöst hat und keinen festen Sinn mehr aus dem Weltall machen kann – elend, unsicher und gehetzt und empfindet die wirkliche Welt als einen glatten Gegensatz zu seinem ganzen Sein.

Natürlich ist die peinliche Entdeckung nicht neu, dass Worte und Ideen nicht die letzten Geheimnisse des Lebens ausloten können, dass Wirklichkeit, oder wenn du willst, Gott, nicht durch beschränkten Geist begriffen werden kann. Die einzige Neuigkeit daran ist, dass diese Verlegenheit nun eher eine soziale als eine individuelle ist; sie ist weithin empfunden, nicht nur auf einige begrenzt. Fast jede geistige Tradition erkennt, dass einmal ein Punkt kommt, wo zwei Dinge geschehen müssen: Der Mensch muss sein abgetrenntes Ich-Empfinden aufgeben und muss der Tatsache ins Auge sehen, dass er die letzten Dinge nicht wissen, das heißt nicht erklären kann.

Diese Traditionen erkennen auch, dass es jenseits dieses Punktes eine »Vision von Gott« gibt, die nicht in Worte gefasst werden kann und die gewiss etwas völlig Unterschiedliches ist von der Vorstellung eines strahlenden Herrn auf einem goldenen Thron oder dem buchstäblichen Aufblitzen eines blendenden Lichtstrahls. Sie deuten auch an, dass diese Vision eine Erneuerung von irgendetwas ist, was wir einst hatten und »verloren«, weil wir es nicht zu würdigen vermochten oder konnten. Diese Vision ist somit das ungetrübte Gewahrwerden dieses unbestimmbaren »Etwas«, das wir Leben nennen, gegenwärtige Wirklichkeit, der große Strom, das ewige Jetzt – ein Gewahrwerden ohne das Gefühl, davon abgesondert zu sein. Im Augenblick, da ich es benenne, ist es nicht länger Gott; es ist Mensch, Baum, grün, rot, schwarz, weich, hart, lang, kurz, Atom, All. Man würde bereitwillig jedem Theologen zustimmen, der den Pantheismus beklagt, dass diese

Gebilde einer Welt der Wortprägungen und Begriffsbestimmungen, diese verschiedenen »Dinge«, die als feste und gesonderte Wesenseinheiten aufgefasst werden, nicht Gott sind. Wenn du mich bittest, dir Gott zu zeigen, so werde ich auf die Sonne weisen oder auf einen Baum oder einen Wurm. Aber wenn du dann sagst: »Du meinst also, dass Gott die Sonne ist, der Baum, der Wurm und alle anderen Dinge?«, muss ich leider entgegnen, dass du überhaupt nicht begriffen hast, worauf es ankommt.

Die Weisheit des Körpers

Was ist Erfahrung? Was ist Leben? Was ist Bewegung? Was ist Wirklichkeit? Auf alle diese Fragen müssen wir die gleiche Antwort geben wie der heilige Augustinus auf die Frage: »Was ist Zeit?« – »Ich weiß es, aber wenn du mich fragst, weiß ich es nicht!« Erfahrung, Leben, Bewegung und Wirklichkeit sind ebenso viel Laute, benutzt, um die Summe der Empfindungen, Gedanken, Gefühle und Wünsche zu versinnbildlichen. Und wenn du fragst: »Was sind Empfindungen et cetera?«, kann ich nur antworten: »Sei nicht albern. Du weißt sehr genau, was sie sind. Wir können nicht endlos versuchen, Dinge zu bezeichnen, ohne uns im Kreise zu drehen. Bezeichnen bedeutet festlegen, und wenn du der Sache auf den Grund gehst, so ist das wirkliche Leben nicht festgelegt.«

Es wurde am Ende des letzten Kapitels angeregt, an Stelle dieses letztlichen Etwas, das nicht bezeichnet oder festgelegt werden kann, das Wort Gott zu setzen. Wenn das wahr wäre, kennen wir Gott immer – aber wenn wir darüber nachdenken, tun wir's nicht. Denn wenn wir über Erfahrung nachdenken, versuchen wir sie in starre Formen und Ideen zu bringen. Es ist das alte Problem, zu versuchen, Wasser in Pakete zu schnüren oder den Wind in einer Schachtel zu fangen.

Gleichwohl ist in der Religion immer gelehrt worden, dass »Gott« etwas ist, wovon man Weisheit und Führung erwarten kann. Wir haben uns an die Idee gewöhnt, dass Weisheit – also Wissen, Rat und Unterweisung – in Worten mit bestimmten Weisungen ausgedrückt werden kann. Wenn das so ist, so ist schwer zu erkennen, wie irgendwelche Weisheit aus irgendetwas herausgezogen werden kann, das zu bezeichnen unmöglich ist.

Tatsächlich aber kommt diese Art Weisheit, die in die Form spezifischer Weisungen gebracht werden kann, auf nicht viel hinaus, und die meisten Weisheiten, die wir im Alltagsleben anwenden, kamen nie durch Worte zu uns.

Wir haben nicht durch Darlegungen gelernt, wie wir atmen sollen oder schlucken, sehen, das Blut kreisen lassen, verdauen oder Krankheiten widerstehen. Diese Dinge werden in so verwickeltster und wunderbarster Weise bewerkstelligt, die keine noch so große Gelehrsamkeit oder technische Geschicklichkeit hervorzubringen imstande wäre. Das ist wirkliche Weisheit – jedoch haben unsere Gehirne wenig damit zu tun.

Das ist jene Art Weisheit, die wir brauchen, um die wirklichen, praktischen Probleme des menschlichen Lebens zu lösen. Sie hat bereits Wunder gewirkt für uns, und es gibt keinen Anlass, warum sie nicht noch mehr schaffen könnte.

Ohne jegliche technische Apparatur oder Vorausberechnung vermögen Brieftauben aus weiter Entfernung in ihren Taubenschlag zurückzukehren, vermögen Zugvögel Jahr um Jahr ihren alten Aufenthaltsort wiederzufinden, und Pflanzen erfinden wundervolle Möglichkeiten, um ihren Samen mit dem Wind zu verstreuen. Sie tun diese Dinge natürlich nicht »zweckhaft« – was meint, dass sie sie nicht planen oder sich ausdenken. Wenn sie reden könnten, würden sie es ebenso wenig erklären können, wie ein Mensch imstande wäre, zu erklären, wie sein Herz schlägt.

Die »Instrumente«, die diese Leistungen vollbringen, sind tatsächlich Organe und Vorgänge des Körpers, das heißt eines geheimnisvollen Bewegungsablaufs, den wir nicht richtig verstehen und nicht wirklich bezeichnen können. Grundsätzlich haben jedoch die Menschen aufgehört, diese Instrumente ihres Körpers weiter zu entwickeln. Wir versuchen mehr und mehr eine Anpassung an das Leben durch äußere Vorrichtungen zu erwirken und mühen uns, unsere Probleme mehr durch bewusstes Denken zu lösen statt durch unbewussten Instinkt. Das hat weit weniger Vorteile für uns, als wir uns einzubilden versuchen.

Nehmen wir zum Beispiel »primitive« Frauen, die, während sie auf den Feldern arbeiten, ein Kind zur Welt bringen können und die, nachdem sie die wenigen notwendigen Handgriffe erledigt haben, um das Baby sicher, warm und geborgen zu wissen, ihre Arbeit wieder aufnehmen. Hingegen muss die zivilisierte Frau in eine kompliziert eingerichtete Klinik gebracht werden, um dort – von Ärzten, Schwestern und zahllosen Instrumenten umgeben – mit verlängerten Schmerzen und quälenden Wehen das arme Ding in diese Welt zu zwingen. Zwar ist es richtig, dass durch die sanitären Voraussetzungen das Sterben vieler Mütter und Kinder verhindert wird; warum aber können wir nicht beides haben: die sanitären Voraussetzungen und die leichte natürliche Geburt?

Die Antwort darauf und auf viele ähnliche Fragen ist, dass wir gelehrt wurden, unseren Körper zu vernachlässigen, zu verachten und an ihm zu freveln und Vertrauen nur in unser Gehirn zu setzen. Tatsächlich könnte man die besondere Krankheit des zivilisierten Menschen darin sehen, dass ein Block oder eine Spaltung zwischen seinem Gehirn und dem Rest seines Körpers besteht.

Dies entspricht der Spaltung zwischen dem geistigen »ICH« und dem physischen »Ich«, Mensch und Natur und der Konfusion der verwirrten Schlange Ouroboros, die nicht weiß, dass ihr Schwanz zu ihrem Kopf gehört. Glücklicherweise brachten die jüngsten Jahre mindestens zwei Wissenschaftler hervor, die die Aufmerksamkeit auf eben diese Spaltung lenkten: Lancelot Law Whyte und Trigant Burrow.[2] Whyte nennt diese Krankheit die »Europäische Abtrennung«, nicht weil sie nur der europäisch-amerikanischen Zivilisation eigentümlich, sondern weil sie für diese besonders charakteristisch ist.

Sowohl Whyte als auch Burrow haben eine klinische Beschreibung oder Diagnose dieser Spaltung gegeben, deren Einzelheiten uns jetzt nicht aufhalten sollen. Es wird im Grunde nur in der Sprache der Medizin erklärt, dass wir unserem Gehirn erlaubt haben, unser Leben unverhältnismäßig zu beherrschen und zu entwickeln, während wir die »Weisheit des Instinktes« an Auszehrung eingehen lassen. Als Folge sind wir im Kriegszustand mit uns selbst – das Gehirn ersehnt Dinge, die der Körper nicht will, und der Körper hat Wünsche, die ihm das Gehirn nicht gestattet. Das Gehirn weist in Richtungen, denen der Körper nicht folgen will, und der Körper hat Anwandlungen, die das Gehirn nicht verstehen kann.

Auf die eine oder die andere Weise befindet sich der zivilisierte Mensch in Übereinstimmung mit dem heiligen Franziskus, der seinen Körper als Bruder Esel betrachtete. Aber auch Theologen haben erkannt, dass die Quellen des Übels und der Dummheit nicht in dem physischen Organismus als Ganzem liegen, sondern im abgespaltenen Gehirn, das sie den Willen nennen.

Wenn wir menschliche Begierden mit denen der Tiere vergleichen, so werden wir zahlreiche ungewöhnliche Unterschiede entdecken. Das Tier neigt dazu, mit seinem Magen zu essen, der Mensch mit seinem Gehirn. Wenn der Magen des Tieres voll ist, hört es zu essen auf; nur der Mensch weiß nie, wann er genug hat. Selbst wenn er so viel gegessen hat, wie sein Magen aufnimmt, fühlt er sich noch immer nicht gesättigt und hat immer noch den Drang nach weiteren Genüssen. Dies ist vornehmlich der Angst zuzuschreiben, dem Wissen, dass ein dauernder Zufluss an Nahrungsmitteln unsicher ist. Darum iss, so viel du kannst, während du noch kannst. Es ist auch der Kenntnis zuzuschreiben, dass in einer unsicheren Welt die Freuden ungewiss sind. Daher muss das unmittelbare Vergnügen des Essens voll ausgeschöpft werden, selbst wenn es die Verdauung stört.

Menschliche Begierden scheinen unersättlich. Wir sind so sehr auf Vergnügen bedacht, dass wir nie genug davon bekommen können. Wir reizen unsere Sinnesorgane, bis sie unempfindlich werden, sodass – wenn das Vergnügen anhalten soll – die Reizmittel stärker und stärker werden müssen. In Selbstverteidigung wird der Körper von dieser Spannung krank, das Gehirn aber will weiter und weiter fortfahren. Das Gehirn jagt nach dem Glück, und da es sich sehr viel mehr mit der Zukunft als mit der Gegenwart beschäftigt, stellt es sich das Glück als eine Garantie auf eine endlose Zukunft von Freuden vor. Dennoch weiß der Kopf, dass es eine endlose Zukunft nicht gibt, sodass er, um glücklich zu sein, alle Freuden des Paradieses und der Ewigkeit in die kurze Spanne weniger Jahre zu pressen versuchen muss.

Die moderne Zivilisation ist in fast jeder Hinsicht ein Circulus vitiosus. Sie bleibt unersättlich, weil ihre Lebensweise sie zu unaufhörlicher Enttäuschung verurteilt. Wie wir gesehen haben, liegt die Wurzel dieser Enttäuschung darin, dass wir für die Zukunft leben, und die Zukunft ist etwas Abstraktes, eine rationelle Folgerung aus der Erfahrung, die nur für das Gehirn existiert. Das »ursprüngliche Bewusstsein«, das grundlegende Denken, das die Wirklichkeit besser kennt als Ideen darüber, kennt die Zukunft nicht. Es lebt völlig in der Gegenwart und bemerkt nicht mehr, als was im Augenblick ist. Das erfinderische Gehirn jedoch sieht auf jenen Teil der augenblicklichen Erfahrung, den man Erinnerung nennt, und ist – indem es diese überprüft – imstande, Vorhersagen zu machen. Diese Vorhersagen sind verhältnismäßig so genau und verlässlich (z. B. »jeder muss sterben«), dass die Zukunft einen hohen Grad von Wirklichkeit bekommt – so hoch, dass die Gegenwart ihren Wert verliert.

Aber noch ist die Zukunft nicht hier und kann so lange nicht zum Teil einer erfahrenen Wirklichkeit werden, bis sie gegenwärtig ist. Da das, was wir von der Zukunft wissen, aus rein abstrakten und logischen Elementen – Folgerungen, Vermutungen und Deduktionen – hergeleitet ist, kann es weder gegessen, gefühlt, gerochen, gesehen, gehört noch irgendwie anders genossen werden. Ihr nachzujagen bedeutet, einem ständig zurückweichenden Phantom nachzujagen, und je schneller du nacheilst, desto schneller läuft es davon. Daher sind alle Angelegenheiten der Zivilisation gehetzt, genießt keiner, was er hat, und sucht jeder beständig nach mehr. So wird also Glücklichsein nicht aus soliden und greifbaren Realitäten bestehen, sondern aus solchen abstrakten und oberflächlichen Dingen wie Versprechungen, Hoffnungen und Zusicherungen.

Infolgedessen ist die gehirnbeherrschte Wirtschaft, die dieses Glücklichsein hervorzubringen bestimmt ist, ein fantastischer Kreislauf, der entweder immer weitere Freuden hervorbringen oder zusammenbrechen muss, der Ohren, Augen und Nervenenden mit dauerndem Kitzel versorgen soll, mit einer unaufhörlichen Flut von Geräuschen, denen man nicht entrinnen kann, und mit äußerer Ablenkung. Das vollkommene Objekt für die Ziele dieser Wirtschaft ist ein Mensch, der andauernd die Ohren mit Radio füttert, vorzugsweise sogar mit einem tragbaren, damit er es zu jeder Stunde und an jedem Platz mit sich führen kann. Seine Augen huschen ruhelos vom Fernsehschirm zur Zeitung oder Illustrierten und halten ihn in einer Art dauernder ungelöster Erregung mittels einer Reihe verlockender Augenblicksbilder glitzernder Autos, glänzender Frauenkörper und sinnenreizender Eindrücke, zwecks Wiederherstellung der Empfindlichkeit, untermischt mit Schockbehandlungen durch Vorführungen von Momentaufnahmen von Verbrechern im Alltagsleben, verstümmelten Leichen, zerstörten Flugzeugen, Boxkämpfen und brennenden Häusern. Begleitartikel und Reden dazu sind aus ähnlichem Stoff, anreizend, ohne zu befriedigen; jeder teilweise Genuss verschwindet vor einer neuen Begierde.

Denn dieser fortgesetzte Strom von Anregungen soll das Verlangen nach immer mehr vom Gleichen wecken, nur noch schneller und noch lauter, und diese Begierden treiben uns zur Arbeit an, um nichts als des Geldes willen, das sie abwirft und mit dem wir noch verschwenderischer Radioapparate, glänzendere Autos, noch farbigere Magazine und bessere Fernsehapparate kaufen können, alles das, was uns in seiner Gesamtheit irgendwie überzeugen wird, dass das Glück gleich um die Ecke wohnt, wenn wir nur noch etwas kaufen.

Trotz des Riesentumultes und der nervösen Spannung sind wir überzeugt, dass der Schlaf nur Verschwendung wertvoller Zeit ist, und werden nicht aufhören, diesen Fantasiegebilden bis in die Nacht hinein nachzujagen.

Tiere verbringen einen großen Teil ihrer Zeit mit angenehmem Dahindösen und Faulenzen, aber da das Leben kurz ist, müssen Menschen das größtmögliche Maß an Bewusstsein, Wachsamkeit und chronischer Schlaflosigkeit in diese Jahre hineinstopfen, um sicherzugehen, dass sie auch nicht den kleinsten Bruchteil erregender Freuden verpassen. Es ist nicht so, dass diejenigen, die sich solchem Leben ergeben, unmoralisch sind. Es ist auch nicht so, dass diejenigen, die anderen diese Dinge bieten, üble Ausbeuter sind; die meisten sind gleichen Geistes wie die Ausgebeuteten, nur auf einem teureren Pferd in diesem traurigen Karussell. In Wirklichkeit beruht es darauf, dass sie alle vollkommen enttäuscht sind, denn dem Gehirn etwas Gutes tun zu wollen, ist, als wolle man mit den Ohren trinken. Und so sind sie alle immer weniger fähig, wirkliche Freuden zu genießen, und empfindungslos den allernächsten und subtilsten Freuden des Lebens gegenüber, die tatsächlich unsäglich einfach und alltäglich sind.

Der unklare, nebelhafte und unersättliche Charakter der Begierden des Gehirns erschwert es besonders, wieder zur Erde zurückzufinden – wirklich und körperlich zu werden. Grundsätzlich gesprochen weiß der zivilisierte Mensch nicht, was er eigentlich will. Er arbeitet für Erfolg, Ruhm, eine glückliche Heirat, Spaß, um anderen Leuten zu helfen oder um »wirklich jemand« zu sein. Jedoch sind dies keine wirklichen Wünsche, denn es sind keine tatsächlichen Dinge, sie sind Beiprodukte; Duft und Atmosphäre wirklicher Dinge, Schatten, die, abgesondert von etwas Greifbarem, nicht bestehen. Geld ist das vollkommene Symbol all solcher Begierden, das typische Symbol des wirklichen Reichtums, und sich Geld als Ziel setzen ist das deutlichste Beispiel dafür, wie Maßstäbe mit Wirklichkeit verwechselt werden.

Es ist daher keineswegs korrekt, zu behaupten, dass die moderne Zivilisation materialistisch ist, wenn man unter Materialist eine Person versteht, die Materie liebt. Der moderne Gehirnmensch liebt nicht die Materie, sondern Maßstäbe, nicht die Sache selbst, sondern deren Oberfläche. Er trinkt wegen des Prozentsatzes an Alkohol und nicht wegen Gehalt und Geschmack der Flüssigkeit. Er baut mehr um der eindrucksvollen Fassade willen, als um sich Wohnraum zu verschaffen. Daher neigt er dazu, Gebäude zu errichten, die von außen wie Herrensitze erscheinen, innen aber Ställe sind. Die einzelnen Wohn-Einheiten innerhalb dieser Ställe sind weniger zum Darin-Leben entworfen, als um Eindruck zu machen. Der meiste Platz ist für einen »Wohnraum« von Ausmaßen verschwendet, der nur zu einem riesigen Haus passt, während so wesentliche Räume zum Leben (im Gegensatz zum bloßen »Empfangen«), wie die Küche, auf winzige Nischen beschränkt sind, in denen man sich kaum bewegen, geschweige denn kochen kann. Als Folge versorgen diese elenden und winzigen Küchen mit einer Kost, die vornehmlich nichts ist; Cocktails und Appetitanreger, aber keine anständigen Mahlzeiten. Und da wir alle »Damen und Herren« sein und so aussehen wollen, als hätten wir Personal, verderben wir uns nicht unsere Hände mit dem Pflanzen und Kochen ordentlichen Essens. Stattdessen kaufen wir Erzeugnisse, weniger wegen ihres Gehalts als wegen ihres Eindrucks und ihres Aussehens; riesige, geschmacklose Früchte, Brot, das kaum mehr ist als ein Schaum, von Chemikalien verfälschte Weine und Gemüse, die noch den Geruch der Reagenzgläser in sich tragen, der sie zum unnützen, aber eindrucksvollen Brei macht.

Man möchte annehmen, dass das deutlichste Beispiel für die Bestialität und den tierischen Trieb des zivilisierten Menschen seine Leidenschaft für den Sexus ist, aber tatsächlich ist fast nichts daran bestialisch oder tierisch. Tiere haben sexuellen Verkehr, wenn sie Lust dazu haben, was üblicherweise in gewissem Rhythmus der Fall ist. Dazwischen interessiert es das Tier nicht. Jedoch ist von allen Vergnügungen gerade der Sexus derjenige, dem der zivilisierte Mensch mit der größten Mühe nachjagt. Dass dieser Hunger eher vom Gehirn als vom Körper stammt, beweist das bekannte Beispiel der Unfähigkeit des Mannes, wenn sein Gehirn dem nachjagt, was sein Körper im Moment nicht begehrt. Dies bringt ihn hoffnungslos durcheinander, weil er einfach nicht verstehen kann, wie man die Köstlichkeit des Sexus nicht ersehnen kann, wenn sie erreichbar ist. Seit Stunden und Tagen hat er danach verlangt, wenn aber die Wirklichkeit da ist, will sein Körper nicht mitmachen.

Wie beim Essen seine »Augen größer sind als der Magen«, so beurteilt er in der Liebe Frauen nach denjenigen Werten, die mehr Augen und Gehirn ansprechen als seinen Zeugungswillen. Er wird von seinem Partner durch oberflächlichen Glanz angezogen, mehr durch den Schimmer der Haut als durch den wirklichen Körper. Er wünscht sich irgendetwas mit dem Knochenaufbau eines Knaben, der die äußeren Kurven und weichen Schwellungen der Weiblichkeit tragen soll – nicht eine Frau, sondern ein aufgeblasenes Traumgebilde aus Gummi. Die Funktion des Sexus selbst bleibt jedoch so stark im Bereich der »instinktmäßigen Weisheit«, dass man nur wenig tun kann, um diese bereits sehr intensiven Freuden noch zu verstärken, sie schneller, abwechslungsreicher und häufiger zu machen. Die einzigen Mittel, sie auszubeuten, liegen in der gedanklichen Fantasie, dadurch, dass man sie mit Koketterie und Vermutungen ungeahnter Genüsse, die da kommen sollen, umhüllt, als ob durch oberflächliche Veränderungen immer eine noch leidenschaftlichere Umarmung erreicht werden könnte.

Ein besonders bedeutsames Beispiel von Gehirn gegen Körper, oder Maßstäbe gegen Materie, ist die sklavische Abhängigkeit des städtischen Menschen von der Uhr. Die Uhr ist eine bequeme Vorrichtung, um sich darauf einzustellen, einen Freund zu treffen, oder um Leuten zu helfen, Dinge gemeinsam zu erledigen, obwohl solches schon geschehen ist, lange bevor sie erfunden wurde. Uhren sollten nicht zertrümmert werden; sie sollten nur einfach an ihren Platz gewiesen werden. Und sie sind gar nicht am Platze, wenn wir versuchen, unseren biologischen Rhythmus von essen, schlafen, verdauen, arbeiten und entspannen ihrer gleichförmigen Umdrehung anzupassen. Unsere Versklavung an diese mechanischen Exerziermeister ist so fortgeschritten und unsere ganze Kultur ist so davon beeinflusst, dass eine Reform eine vergebliche Hoffnung ist; ohne sie würde die Zivilisation völlig zusammenbrechen. Eine weniger gehirnreiche Kultur würde eher lernen, den Rhythmus ihrer Körper statt den ihrer Uhren zu synchronisieren.

Die Fähigkeit des Gehirns, die Zukunft vorauszusehen, hat viel mit der Furcht vor dem Tod zu tun. Man weiß viele Leute, die mit Stevenson sagen:

> Unter dem weiten sternenhellen Himmel
> Mach' mir ein Grab und lass mich ruh'n,
> Ich habe froh gelebt
> und scheide voller Freude,
> Und lege mich bewusst zum Sterben hin.

Wenn der Körper verbraucht ist und das Gehirn müde, heißt der ganze Organismus den Tod willkommen. Jedoch ist es schwer zu verstehen, wie man den Tod willkommen zu heißen vermag, wenn man jung und stark ist und wenn du ihn noch als eine Drohung und ein schreckliches Ereignis betrachtest. Denn das Gehirn in seiner unkörperlichen Weise sieht in die Zukunft und hält es für gut, wenn es immer so weitergeht – und erkennt nicht, dass sein eigener Stoff schließlich diesen Vorgang unerträglich ermüdend finden würde. Weil es dies nicht in Betracht zieht, versäumt das Gehirn auch einzusehen, dass – aus Materie bestehend und somit dem Wechsel unterworfen – seine Begierden sich verändern werden und dass eine Zeit kommen wird, wo der Tod etwas Gutes ist. An einem hellen Morgen, nach einem guten Schlaf, wirst du nicht schlafen gehen wollen. Aber nach der harten Arbeit eines Tages ist die Vorstellung, ins Unbewusste zu sinken, etwas ungewöhnlich Angenehmes.

Unglücklicherweise sterben nicht viele von uns friedlich. Wir sterben durch Unfälle und schmerzvolle Krankheiten, und es ist wahrhaft tragisch, wenn jemand, dessen »Geist« noch jung und wach ist, vergeblich mit einem sterbenden Körper kämpft. Wie auch immer, ich bin sicher, dass der Körper stirbt, weil er möchte. Es geht über seine Kräfte, der Krankheit zu widerstehen oder die Verletzungen auszuheilen, und so überlässt er sich, müde vom Kampf, dem Tod. Wenn das Bewusstsein gegenüber den Gefühlen und Regungen des ganzen Organismus empfindsamer wäre, würde es diesen Wunsch teilen, und tatsächlich tut es das manchmal auch. Wir sind nahe daran, wenn wir bei ernsthafter Erkrankung am liebsten sterben möchten, obwohl wir manchmal überleben, weil entweder medizinische Behandlung den Körper wiederbelebt oder weil im Organismus immer noch unbewusste Kräfte vorhanden sind, die die Genesung herbeiführen.

Da es Gewohnheit ist, den Menschen als einen Dualismus von Geist und Körper anzusehen und das eine als empfindsam, das andere als ein dummes Tier zu betrachten, ist unsere Kultur eine Beleidigung gegen die Weisheit der Natur und eine verderbliche Ausbeutung des gesamten menschlichen Organismus. Wir sind unaufhörlich enttäuscht, da das wörtliche und abstrakte Denken des Gehirns falscherweise den Eindruck hervorruft, als könnten wir uns von allen endlichen Begrenzungen freimachen. Es vergisst, dass eine Unendlichkeit von irgendetwas keine Wirklichkeit ist, sondern ein abstrakter Begriff, und überzeugt uns, dass wir diese Fantasiegebilde als wirkliches Lebensziel ersehnen. Das gegenständliche, äußere Symbol dieser Denkweise ist dieser fast völlig rationelle und unorganische Gegenstand, die Maschine, die uns das Gefühl verleiht, doch imstande zu sein, uns der Unendlichkeit zu nähern.

Denn die Maschine kann sich bei einem völlig einförmigen Rhythmus Anstrengungen aussetzen, die weit über die Leistungsfähigkeit des Körpers hinausgehen und die der Mensch nie aushalten würde. So nützlich sie als Werkzeug und Diener sein könnte, so sehr überschätzen wir ihre Rationalität, ihre Tüchtigkeit und ihre Macht, Begrenzungen von Zeit und Raum zu überwinden, und erlauben ihr auf diese Weise, unser Leben zu regulieren. So ist die arbeitende Bevölkerung einer modernen Stadt ein Volk, das innerhalb einer

Maschine lebt, von deren Rädern es herumgeschleudert wird. Sie verbringt ihre Tage mit Tätigkeiten, die auf kaum mehr hinauskommen als zählen und messen, und lebt in einer Welt rationeller Abstrahierung, die nur wenig Verbindung und Harmonie mit den großen biologischen Rhythmen und Vorgängen hat.

Es ist eine Tatsache, dass geistige Arbeiten dieser Art heutzutage weitaus erfolgreicher durch Maschinen als durch Menschen bewerkstelligt werden können – umso mehr, da in nicht zu ferner Zeit das menschliche Gehirn wohl ein veralteter Mechanismus für logische Berechnung sein wird. Schon jetzt ist das menschliche Rechnen weithin ausgeschaltet durch mechanische und elektrische Rechenmaschinen, die mit viel größerer Schnelligkeit und Leistungsfähigkeit arbeiten. Wenn also eines Menschen Gehirn und Kalkulationsfähigkeit seine hauptsächlichsten Wert- und Aktivposten sind, wird er in einer Zeit, in der der mechanische Vorgang des Denkens weitaus wirkungsvoller durch Maschinen erledigt werden kann, eine unverkäufliche Ware werden.[3]

Schon jetzt bedienen sich die Menschen zahlloser Vorrichtungen, um die Arbeit, die bei Tieren durch körperliche Organe erledigt wird, zu ersetzen, und das würde sicher der Tendenz entsprechen, auch die Denkfähigkeit des Gehirns nach außen zu verlegen und so die Herrschaft über das Leben elektromagnetischen Ungeheuern auszuliefern. In anderen

Worten: Die Interessen und Ziele der Rationalisierung sehen den Menschen nicht als einen ganzen Organismus. Wenn wir fortfahren, für die Zukunft zu leben, und es zur Hauptarbeit unseres Denkens machen, vorauszusagen und zu berechnen, werden die Menschen schließlich zu einem parasitischen Anhängsel eines riesigen Uhrwerks.

Es gibt jedoch einen Gesichtspunkt, von dem her diese »Rationalisierung« des Lebens nicht rational ist. Das Gehirn ist gescheit genug, diesen Circulus vitiosus, den es sich selbst geschaffen hat, zu erkennen. Aber es vermag nichts dagegen zu tun. Einzusehen, dass es unvernünftig ist, sich zu sorgen, beendet dies noch nicht; eher sorgst du dich noch mehr, so unvernünftig zu sein. Es ist unvernünftig, einen modernen Krieg zu führen, in dem jeder nur verliert. Auch wird von keiner Seite ein Krieg gewünscht, und dennoch – da wir in einem Circulus vitiosus leben – beginnen wir den Krieg, um zu verhindern, dass die andere Seite damit beginnt. Wir bewaffnen uns selbst, weil wir wissen, dass, wenn wir es nicht tun, es die andere Seite tun wird, was ganz richtig ist. Denn wenn wir nicht aufrüsten, wird es die andere Seite tun, um so ohne wirklichen Kampf einen Vorteil über uns zu erlangen. Von diesem vernunftgemäßen Gesichtspunkt aus gesehen, finden wir uns in dem Dilemma des heiligen Paulus: »Wollen habe ich wohl, aber vollbringen das Gute kann ich nicht« (Phil 2.13).

Aber nicht, weil der Wille oder der »Geist« vernünftig und das Fleisch verderbt ist – wie Paulus unterstellt –, sondern weil »ein Haus, das in sich gespalten ist, nicht stehen kann«. Der ganze Organismus ist widernatürlich, weil das Gehirn vom Körper getrennt und der Kopf sich seiner Verbindung mit dem Schwanz nicht bewusst ist.

Es gibt nur wenig Hoffnung, dass in irgendeiner unmittelbaren Zukunft eine soziale Gesundung eintreten könnte. Es sieht so aus, als ob der Circulus vitiosus noch unerträglicher, noch lärmender und verzweifelter kreisen müsste, ehe eine beträchtlichere Anzahl von Menschen sich des tragischen Streiches, den sie sich spielen, bewusst wird. Aber für diejenigen, die klar sehen, dass es ein Kreislauf ist, und die seinen Ursprung kennen, gibt es keine Alternative, als dieses Kreisen anzuhalten. Sobald du diesen ganzen Kreislauf erkennst, verschwindet die Illusion, dass der Kopf vom Schwanz getrennt ist.

Wenn Erfahrung aufhört zu vibrieren und sich krampfhaft zu winden, kann sie wieder empfindsam gegenüber der Weisheit des Körpers, gegenüber den verborgenen Tiefen seiner eigenen Kräfte werden.

Obwohl ich von der Weisheit des Körpers und der Notwendigkeit spreche, zu erkennen, dass wir Materie sind, darf dies nicht als eine Philosophie des »Materialismus« in üblichem Sinn angesehen werden. Ich behaupte nicht, dass die letztliche Wirklichkeit Materie ist. Materie ist ein Wort, ein

Laut, welches Bezug nimmt auf die Formen und Muster einer Entwicklung. Wir wissen nicht, was diese Entwicklung ist, denn es ist kein »was« – d. h. also keine Sache, die durch irgendeinen feststehenden Begriff oder Maßstab bezeichnet werden kann. Wenn wir bei der alten Sprache bleiben und immer noch Ausdrücke wie »geistig« und »materiell« benutzen wollen, so muss das Geistige »das Unbestimmbare« heißen, dasjenige, welches, da es lebt, für immer dem Rahmen einer festgefügten Form entfliehen muss. Materie ist benannter Geist.

Nach all diesem verdient das Gehirn auch ein Wort für sich! Denn das Gehirn mit all seinen Denk- und Berechnungszentren ist Teil und Erzeugnis des Körpers. Es ist etwas ebenso Natürliches wie Herz und Magen und, bei richtigem Gebrauch, alles andere als ein Feind des Menschen. Aber um es richtig zu benutzen, muss es auch an seinen Platz gewiesen werden, denn das Gehirn ist für den Menschen da, nicht der Mensch für das Gehirn. In anderen Worten: Die Funktion des Gehirns soll dem Gegenwärtigen und dem Wirklichen dienen, nicht den Menschen wild nach einem Phantom in der Zukunft jagen lassen.

Darüber hinaus arbeitet unser Gehirn bei unserem üblichen Zustand geistiger Spannung nicht richtig, und das ist einer der Gründe, warum seine Abstrahierungen so große Wirklichkeit zu haben scheinen. Wenn das Herz nicht in Ordnung ist, sind wir uns seines Schlages deutlich bewusst; es wirkt als Störung, was da in der Brust klopft. Es scheint sehr einleuchtend, dass unser ständiges Beschäftigtsein mit Denken und Planen, zusammen mit dem Gefühl geistiger Ermüdung, ein Zeichen irgendeiner Störung des Gehirns ist. Das Gehirn sollte – und das tut es auch in einigen Fällen – mit der unbewussten Leichtigkeit der anderen Organe des Körpers berechnen und denken. Schließlich ist das Gehirn kein Muskel, also nicht für Anstrengung und Anspannung geschaffen.

Wenn aber Leute zu denken und sich zu konzentrieren versuchen, benehmen sie sich, als ob sie versuchten, ihre Gehirne herumzuschieben. Sie schneiden Grimassen, ziehen ihre Augenbrauen zusammen und gehen an geistige Probleme heran, als ob es sich darum handele, Mauersteine hochzuheben. Doch brauchst du dich nicht anzustrengen, um Essen zu verdauen, und noch weniger, um zu sehen, zu hören oder andere Eindrücke in dir aufzunehmen. Der »Blitzrechner«, der lange Zahlenreihen mit einem Blick addieren kann, das intellektuelle Genie, das eine ganze Seite in wenigen Sekunden zu lesen und zu erfassen vermag, und das musikalische Wunder, wie z.B. Mozart, das schon in der Kindheit Harmonielehre und Konterpunktion begriffen zu haben scheint, sind Beispiele des richtigen Gebrauches von dem wunderbarsten Instrument des Menschen.

Auch diejenigen von uns, die keine Genies sind, wissen ein wenig um diese Fähigkeit. Nimm z.B.

das Anagramm egrla[4]. Du kannst Stunden über diesen Buchstaben sitzen und ein System nach dem anderen versuchen, um die richtige Reihenfolge dieser durcheinandergewürfelten Buchstaben zu entdecken. Versuche aber, stattdessen dir das Anagramm mit einem ausgeruhten Kopf anzusehen, und in einer sehr kurzen Zeitspanne wird dein Gehirn dir die Antwort ohne die geringste Anstrengung vermitteln. Mit Recht misstrauen wir den »fixen« Antworten eines angespannten und abwesenden Geistes, jedoch ist die rasche, leichte und fast unbewusste Lösung eines logischen Problems das, was vom Gehirn eigentlich erwartet wird.

Wenn es richtig arbeitet, ist das Gehirn die höchste Form der »Weisheit des Instinkts«. Daher sollte es wirken, wie der Heimkehrtrieb von Tauben, wie sich der Embryo im Mutterleib bildet – ohne viele Worte über diesen Vorgang zu verlieren oder zu wissen, »wie« es arbeitet. Das Gehirn, das sich spürt, ist ebenso wie das spürbare Herz eine Störung und offenbart sich selbst in dem akuten Gefühl einer Trennung zwischen »Ich« und meiner Erfahrung. Das Gehirn kann sich nur richtig verhalten, wenn das Bewusstsein das tut, wofür es bestimmt ist: sich nicht aus der gegenwärtigen Erfahrung herauszuwinden sucht, sondern sich dieser anstrengungslos bewusst ist.

Über das Gewahrsein

Die Frage »Was soll man machen?« stellen nur diejenigen, die ein Problem nicht verstehen. Wenn ein Problem überhaupt gelöst werden kann, so ist verstehen und wissen, was zu machen ist, dasselbe. Aber bei einem Problem, das du nicht verstehst, etwas zu tun, hieße, die Dunkelheit zu verscheuchen, indem du sie mit der Hand beiseiteschiebst. Sobald Licht gemacht wird, verschwindet die Dunkelheit sofort.

Dies trifft besonders auf das vor uns liegende Problem zu. Wie können wir die Spaltung zwischen dem geistigen »ICH« und dem physischen »Ich«, zwischen Gehirn und Körper, Mensch und Natur bereinigen und die vielen Circuli vitiosi, die sie hervorruft, beenden? Wie können wir zu einer anderen Ansicht über das Leben gelangen, als dass es eine Honigfalle ist, in der wir wie die Fliegen zappeln? Wie können wir Sicherheit und Frieden des Geistes in einer Welt finden, deren ganze Natur gerade Unsicherheit, Unbeständigkeit und unaufhörlicher Wechsel ist? Alle diese Fragen verlangen nach Methode und zielbewusstem Handeln. Zu gleicher Zeit aber beweisen sie, dass das Problem noch nicht verstanden wurde. Wir brauchen noch kein Handeln, jedoch – wir brauchen mehr Licht.

Licht meint in diesem Fall Gewahrsein, des Lebens gewahr sein, der Erfahrung, wie sie in diesem Augenblick ist, ohne Urteil oder Ideen darüber. Mit anderen Worten, du sollst, was du erfährst, sehen und empfinden, wie es ist, nicht aber, wie es benannt ist. Dies höchst einfache »Augenöffnen« bewerkstelligt die merkwürdigste Verwandlung von Verstehen und Leben und beweist, dass viele unserer verwirrendsten Probleme nur in unserer Vorstellung bestehen. Das mag wie eine Über-Vereinfachung klingen, denn die meisten Leute bilden sich ein, sich der Gegenwart bereits reichlich genug bewusst zu sein; wir werden jedoch sehen, dass das weit davon entfernt ist, richtig zu sein.[5]

Denn da das Gewahrsein ein Betrachten der Wirklichkeit – völlig frei von Urteil und Ideen – ist, ist es gänzlich unmöglich, das, was es enthüllt, zu bezeichnen und niederzuschreiben. Alles, was beschrieben werden kann, ist eine Idee, und ich kann also keine positive Feststellung über irgendetwas – die wirkliche Welt – treffen, ohne dass es eine Idee ist. Ich muss mich deshalb damit begnügen, über die falschen Eindrücke, die Gewahrsein beseitigt, zu sprechen anstatt über die Wahrheit, die es enthüllt. Diese Wahrheit kann nur in Worten wiedergegeben werden, die denjenigen gar nichts sagen, die kein direktes Verständnis der fraglichen Wahrheit haben.

Was wahr und positiv ist, ist zu wirklich und lebendig, um beschrieben werden zu können, und zu versuchen, es zu beschreiben, wäre, wie wenn man eine rote Rose mit roter Farbe bemalen wollte. Deshalb muss das, was folgt, eher von negativer Beschaffenheit sein. Die Wahrheit wird dadurch enthüllt, dass man Dinge, die ihr im Licht stehen, wegräumt; eine Kunst, nicht unähnlich der Bildhauerei, in der der Künstler nicht dadurch schöpferisch ist, dass er formt, sondern dass er wegnimmt.

Wie wir sahen, beweisen Fragen nach Sicherheit und Frieden des Geistes in einer unbeständigen Welt, dass das Problem nicht verstanden worden ist. Bevor wir noch weiter gehen, muss klar sein, dass die Art der Sicherheit, von der wir reden, in erster Linie geistig und psychologisch ist. Um überhaupt zu existieren, müssen Menschen ein Mindestmaß an Auskommen in Form von Nahrung, Trinken und Bekleidung haben – natürlich mit dem Wissen, dass dies nicht endlos andauert. Würde die Sicherheit eines Mindestmaßes an Auskommen für sechzig Jahre dem menschlichen Herz genügen, würden menschliche Probleme kaum noch vorhanden sein. Und wirklich gerade der Grund, warum wir diese Gewissheit nicht haben, ist eben, dass wir so viel mehr haben wollen als die Mindest-Lebensnotwendigkeiten.

Es muss von Anfang an auffallen, dass ein Widerspruch insoweit besteht, als wir vollkommen sicher sein wollen in einer Welt, deren Grundnatur Augenblicksbedingtheit und ständiges Fließen ist.

Aber der Widerspruch liegt etwas tiefer als nur in dem Konflikt zwischen dem Wunsch nach Sicherheit und der Tatsache des Wechsels. Wenn ich sicher zu sein wünsche, das heißt beschützt vor dem Fluss des Lebens, so wünsche ich getrennt vom Leben zu sein. Doch ist es gerade dieses Gefühl der Abgesondertheit, das mich unsicher macht. Sicher sein heißt, das geistige »ICH« zu isolieren und zu stärken. Es ist jedoch gerade das Gefühl, ein isoliertes »ICH« zu sein, das mich allein und voller Furcht sein lässt. Mit anderen Worten, je mehr Sicherheit ich bekommen kann, desto mehr werde ich haben wollen. Um es noch deutlicher zu machen: Der Wunsch nach Sicherheit und das Gefühl der Unsicherheit sind dasselbe. Den Atem anhalten heißt den Atem verlieren. Eine Gesellschaftsordnung, die sich auf das Verlangen nach Sicherheit gründet, ist nichts anderes als ein Wettbewerb im Atemanhalten, in dem jeder Teilnehmer angespannt wie ein Trommelfell und rot wie eine Rübe ist. Wir streben nach dieser Sicherheit, indem wir uns auf zahllose Weisen verhärten und einkapseln. Wir suchen Schutz in »Exklusivität« und »Besonderheit«, indem wir trachten, zur sichersten Kirche, zur besten Nation, zur besten Gesellschaftsklasse, zur richtigen Clique und zu »guten Leuten« zu gehören. Diese Verteidigungstaktik führt zu Spaltungen zwischen uns und damit zu mehr Unsicherheit, die wiederum mehr Verteidigung verlangt. Natürlich geschieht dies alles in der aufrichtigen Überzeugung, dass wir versuchen, das Beste zu tun und in der besten Weise zu leben; jedoch ist auch dies ein Widerspruch.

Ich kann nur dann ernsthaft daran denken, zu versuchen, einem Ideal gerecht zu werden, mich zu vervollkommnen, wenn ich in zwei Teile gespalten bin. Es gehört ein gutes geistiges »ICH« dazu, das schlechte körperliche »ICH« zu veredeln. Das geistige »ICH«, das die besten Absichten hat, wird das eigensinnige körperliche »ICH« bearbeiten, und das Ringen zwischen beiden wird den Widerstreit noch mehr erweitern. Infolgedessen wird das geistige »ICH« sich mehr abgesondert als je fühlen und auf diese Weise lediglich die Gefühle des Allein- und Abgeschnittenseins noch mehr erhöhen, die das körperliche »ICH« sich so schlecht benehmen lassen.

Wir können schwerlich an dieses Problem herangehen, solange es uns nicht klar ist, dass das Sehnen nach Sicherheit Schmerz und Widerspruch in sich selbst ist und dass es umso schmerzhafter wird, je mehr wir es verfolgen. Das trifft auf jede Form von Sicherheit zu, wie auch immer wir sie uns vorstellen.

Du möchtest so glücklich sein, dich selbst zu vergessen, und doch, je mehr du versuchst, dich zu vergessen, desto mehr erinnerst du dich des »Selbst«, das du zu vergessen wünschst. Du willst dem Schmerz entfliehen, aber je mehr du dich anstrengst, ihm zu entfliehen, je mehr entfachst du die Agonie. Du bist ängstlich und möchtest mutig sein, jedoch ist die Anstrengung, mutig zu sein, Furcht, die vor sich selbst fortzulaufen versucht. Du möchtest Ruhe der Seele, aber der Versuch, sie zur Ruhe zu bringen, gleicht dem Versuch, Wellen mit einem Bügeleisen zu beruhigen.

Wir sind alle mit diesem Circulus vitiosus der Sorge vertraut. Wir wissen, dass das Sorgen nutzlos ist, aber wir tun es trotzdem weiter, denn es einfach nutzlos zu nennen, beseitigt es nicht. Wir sorgen uns, weil wir uns ungesichert fühlen und gesichert sein möchten. Doch ist es völlig nutzlos, uns zu sagen, dass wir nicht wünschen sollten, gesichert zu sein. Dadurch, dass wir auf ein Sehnen schimpfen, werden wir es noch nicht los. Wir müssen entdecken, dass es kein Gesichertsein gibt, dass das Suchen danach schmerzhaft ist und dass – wenn wir uns einbilden, es gefunden zu haben – es uns nicht gefällt. Mit anderen Worten, wenn wir wirklich verstehen, wonach wir ausschauen – dass Sicherheit Isolierung bedeutet und was wir uns antun, wenn wir danach Ausschau halten –, dann werden wir sehen, dass wir es überhaupt nicht wünschen. Niemand braucht dir zu erzählen, dass du den Atem nicht für zehn Minuten anhalten solltest. Du weißt, dass du es nicht tun kannst und dass der Versuch höchst unbequem ist.

Die Hauptsache ist die Erkenntnis, dass es Gesichertsein oder Sicherheit nicht gibt. Einer der ärgsten Teufelskreise ist das Problem des Alkoholikers. In sehr vielen Fällen weiß dieser ganz genau, dass er sich zugrunde richtet, dass Alkohol Gift für ihn ist, dass er es in Wirklichkeit hasst, betrunken zu sein, und nicht einmal den Geschmack des Alkohols mag. Und dennoch trinkt er. Denn so wenig er es auch mag, nicht zu trinken ist ihm noch ärger.

Es flößt ihm Grauen ein, denn er blickt der unverschleierten, grundbedingten Unsicherheit der Welt ins Gesicht. Hierin liegt der Kern der Sache. Der Unsicherheit ins Gesicht zu schauen heißt noch nicht, sie zu verstehen. Um sie zu verstehen, musst du ihr nicht ins Gesicht schauen sondern sie »sein«. Es ist wie in dem persischen Märchen von dem Weisen, der an das Himmelstor kam und anklopfte. Von innen fragte die Stimme Gottes: »Wer ist da?« Und der Weise antwortete: »Ich bin es.« »In diesem Hause«, antwortete die Stimme, »ist kein Platz für dich und mich.« Da ging der Weise fort und verbrachte viele Jahre damit, sich über diese Antwort in tiefen Gedanken den Kopf zu zerbrechen. Als er ein zweites Mal zurückkehrte, stellte die Stimme die gleiche Frage, und wieder antwortete der Weise: »Ich bin es.« Die Tür blieb verschlossen. Nach einigen Jahren kehrte er zum dritten Mal zurück, und auf sein Klopfen hin fragte die Stimme wiederum: »Wer ist da?«, und der Weise rief: »Du selbst bist es.« Die Tür wurde geöffnet.

Es bedeutet weit mehr, zu verstehen, dass es keine Sicherheit gibt, als der Theorie des ständigen Wechsels zuzustimmen, mehr auch, als die Vergänglichkeit des Lebens zu bemerken. Die Vorstellung von

Sicherheit gründet sich auf das Gefühl, dass in uns etwas ist, was beständig ist, etwas, das durch alle Tage und Wechsel des Lebens fortbesteht. Wir ringen darum, uns dieser Beständigkeit, Stetigkeit und Sicherheit, dieses fortbestehenden Kerns zu vergewissern, dieses Mittelpunktes und dieser Seele unseres Seins, das wir das geistige »ICH« nennen. Denn dies halten wir für den wahren Menschen, den Denker unserer Gedanken, den Fühler unserer Gefühle und den Wisser unseres Wissens. Wir werden nie wirklich begreifen, dass es Sicherheit nicht gibt, bis uns klar wird, dass dieses geistige »ICH« nicht existiert.

Begreifen kommt durch Gewahrsein. Können wir also an unsere Erfahrung – unsere Empfindungen, Gefühle und Gedanken – ganz einfach so herangehen, als ob wir sie nie gehabt hätten, und das Geschehen ohne jedes Vorurteil betrachten? Du magst fragen: »Welche Erfahrungen, welche Empfindungen und Gefühle sollen wir betrachten?« Ich werde dir antworten: »Welche kannst du denn betrachten?« Die Antwort heißt, dass du diejenigen betrachten musst, die du jetzt hast. Das ist doch ganz offensichtlich. Aber sehr offensichtliche Dinge werden häufig übersehen. Wenn ein Gefühl nicht gegenwärtig ist, so bist du seiner nicht gewahr. Es gibt nur gegenwärtige Erfahrung.

Was du weißt, wessen du wirklich gewahr wirst, ist nur das, was in diesem Augenblick geschieht, und nichts sonst.

Aber wie ist es mit den Erinnerungen? Indem ich mich erinnere, weiß ich doch, was gewesen ist? Nun gut, erinnere dich an irgendetwas. Erinnere dich daran, wie du zufällig einen Freund die Straße entlanggehen sahst. Wessen bist du gewahr? Du beobachtest doch nicht tatsächlich, wie dein Freund die Straße entlanggeht? Du kannst nicht hingehen und ihm die Hand schütteln oder von ihm eine Antwort auf eine Frage bekommen, die du das letzte Mal, an das du dich erinnerst, zu stellen vergessen hattest. Mit anderen Worten, du siehst überhaupt nicht auf die wirkliche Vergangenheit; du siehst eine gegenwärtige Spur der Vergangenheit.

Das ist, wie wenn man die Spuren eines Vogels im Sand sähe. Ich sehe die gegenwärtigen Spuren, jedoch sehe ich nicht gleichzeitig, wie der Vogel diese Spuren vor einer Stunde zog. Der Vogel ist fortgeflogen, und ich bin seiner nicht gewahr. Aus den Spuren schließe ich, dass ein Vogel hier war. Aus Erinnerungen schließt du, dass es vergangene Vorfälle gegeben hat. Aber du bist dir irgendwelcher vergangener Vorfälle nicht gewahr. Du kennst die Vergangenheit nur in der Gegenwart und als Teil von dieser.

Wir sehen also, dass alle unsere Erfahrung eine Sache des Augenblicks ist. Von einem Gesichtspunkt aus ist jeder Moment so flüchtig und so kurz, dass er schon vergangen ist, bevor wir noch darüber nachdenken können. Von einem anderen Gesichtspunkt aus ist dieser Augenblick immer gegenwärtig, da wir keinen anderen Augenblick kennen als den jetzt vorhandenen. Er stirbt immerwährend, wird immer schneller zu Vergangenheit, als unsere Vorstellung es begreifen kann. Jedoch wird er gleichzeitig dauernd neu geboren, ebenso schnell hervorgebracht von dem völlig Unbekannten, das wir Zukunft nennen. Es benimmt dir fast den Atem, daran zu denken. Erfahrung augenblicklich zu nennen hieße, dass Erfahrung und der gegenwärtige Augenblick die gleiche Sache sind. Zu sagen, dass der Augenblick ständig stirbt oder Vergangenheit wird und wiederum ständig neu geboren wird oder aus dem Unbekannten entsteht, heißt das Gleiche von der Erfahrung sagen. Die Erfahrung, die du gerade eben gemacht hast, ist unwiderruflich vergangen, und alles, was davon übrig bleibt, ist eine Art Spur oder Totenwache in der Gegenwart, von uns Erinnerung genannt. Obzwar du eine Vermutung aussprechen kannst, welche Erfahrung als nächste kommen wird, weißt du das nicht wirklich.

Alles Mögliche kann geschehen, aber die Erfahrung, die sich jetzt gerade vollzieht, ist wie ein neugeborenes Kind, das entschwindet, bevor es auch nur anfangen kann, älter zu werden.

Bist du dir, während du diese gegenwärtige Erfahrung beobachtest, gewahr, dass jemand sie beobachtet? Kannst du neben der Erfahrung auch noch einen Erfahrenden entdecken? Kannst du diesen Satz lesen und während des Lesens gleichzeitig über dich als Leser nachdenken? Du wirst entdecken, dass du, wenn du während des Lesens an dich denken willst, eine Sekunde aufhören musst mit dem Lesen. Die erste Erfahrung ist Lesen. Die zweite ist der Gedanke: »Ich lese.« Kannst du irgendeinen Denkenden finden, der den Gedanken denkt »Ich lese«? Mit anderen Worten: Wenn die gegenwärtige Erfahrung der Gedanke ist »Ich lese«, kannst du dann an dich als diesen Gedanken denkend denken?

Noch einmal: Du musst also aufhören, nur zu denken »Ich lese«. Du gehst über zu einer dritten Erfahrung, die der Gedanke »Ich denke, dass ich lese« ist.

Lass dich von der Schnelligkeit, mit der diese Gedanken einander folgen, nicht in das Gefühl hineintäuschen, du dächtest sie alle zur gleichen Zeit.

Was aber ist geschehen? Niemals und zu keiner Zeit warst du imstande, dich selbst von deinen gegenwärtigen Gedanken oder von deiner gegenwärtigen Erfahrung abzusondern. Die erste gegenwärtige Erfahrung war lesen. Sobald du versuchtest, an dich selbst als lesend zu denken, wechselte die Erfahrung, und die nächste gegenwärtige Erfahrung war der Gedanke: »Ich lese.« Du konntest dich von dieser Erfahrung nur loslösen, indem du zu einer anderen übergingst. Als du dachtest: »Ich lese diesen Satz«, hast du ihn nicht gelesen. Mit anderen Worten: Bei jeder augenblicklichen Erfahrung warst du dir nur eben dieser Erfahrung gewahr. Du warst dir niemals gewahr, gewahr zu sein. Du warst niemals imstande, den Denkenden vom Gedanken zu trennen, den Wissenden vom Wissen. Alles, was du je erfandest, war ein neuer Gedanke, eine neue Erfahrung. Gewahrsein ist also, der Gedanken, Sinnes-Empfindungen, Wünsche und all der anderen Arten von Erfahren gewahr zu sein. Nie und zu keiner Zeit bist du etwas gewahr, das nicht Erfahrung ist, das nicht Gedanke oder Gefühl ist, sondern stattdessen ein Erfahrender, Denkender oder Fühlender. Wenn dies so ist, was macht uns dann glauben, dass so etwas überhaupt existiert?

Wir können zum Beispiel sagen, dass das geistige »ICH«, der Denker, dieser Körper und dies Gehirn sei. Jedoch ist dieser Köper auf keinerlei Weise von seinen Gedanken und Empfindungen getrennt. Wenn du also ein Empfinden, sagen wir zum Beispiel das der Berührung, hast, so ist dieses Teil deines Körpers. Während diese Empfindung anhält, kannst du deinen Körper ebenso wenig davon wegbewegen, wie du von Kopfschmerzen oder deinen eigenen Füßen wegspazieren kannst. Solange es da ist, ist dies Empfinden dein Körper, also du. Du kannst deinen Körper aus einem unbequemen Stuhl entfernen, nicht aber kannst du ihn vom Empfinden eines Stuhles entfernen.

Das Gefühl des abgesonderten Denkers, eines geistigen »ICH«, getrennt von der Erfahrung, kommt aus der Erinnerung und aus der Schnelligkeit, mit welcher das Denken wechselt. Wie wenn man einen brennenden Stock herumwirbelt, um den Eindruck eines Feuerkreises zu geben. Wenn du dir vorstellst, dass Erinnerung mehr ein direktes Wissen der Vergangenheit als eine augenblickliche Erfahrung ist, bekommst du den Eindruck, Vergangenheit und Gegenwart gleichzeitig zu kennen. Das lässt vermuten, dass in dir etwas ist, das dich von vergangenen und gegenwärtigen Erfahrungen absondert. Du folgerst: »Ich weiß diese augenblickliche Erfahrung, und sie ist unterschiedlich von der vergangenen. Wenn ich die beiden vergleichen und bemerken kann, dass Erfahrung gewechselt hat, muss ich etwas Unveränderliches und Besonderes sein.« Tatsächlich aber kannst du diese gegenwärtige Erfahrung nicht mit der vergangenen vergleichen. Du kannst sie nur mit einer Erinnerung an die vergangene vergleichen, die Teil der gegenwärtigen Erfahrung ist. Wenn du klar erkennst, dass Erinnerung eine Form gegenwärtiger Erfahrung ist, wird offensichtlich, dass der Versuch, dich selbst von dieser Erfahrung abzusondern, ebenso unmöglich ist, als wenn deine Zähne sich selber beißen sollen. Es gibt einfach nur Erfahrung! Nicht irgendetwas oder irgendjemand, der Erfahrung erfährt. Du fühlst keine Gefühle, denkst keine Gedanken oder empfindest keine Empfindungen, ebenso wenig wie du Hören hörst, Sehen siehst oder Geruch riechst. »Es geht mir gut« heißt, dass du im Augenblick ein Gefühl des Gutgehens hast. Es heißt nicht, dass es so eine Sache gibt wie das geistige »ICH« und eine andere, gesonderte Sache, ein Gefühl, sodass, wenn du die beiden zusammenbringst, dieses »ICH« das Gefühl des Gutgehens fühlt. Es gibt keine anderen als augenblickliche Gefühle, und welches Gefühl gegenwärtig ist, ist »ICH«. Niemand fand je ein »ICH« gesondert von einer gegenwärtigen Erfahrung oder Erfahrungen gesondert von einem »ICH« – was nur heißen will, dass beide das Gleiche sind. Als rein philosophisches Argument ist dies eine Zeitverschwendung. Wir wollen keine »intellektuelle Diskussion«. Wir sind uns der Tatsache bewusst, dass jedes abgesonderte »ICH«, das Gedanken denkt und Erfahrungen erfährt, eine Einbildung ist. Um dies zu verstehen, muss man erkennen, dass das Leben vollkommen vom Augenblick abhängt, dass es keine Dauerhaftigkeit und keine Sicherheit gibt und kein geistiges »ICH«, das beschützt werden kann.

Es gibt eine chinesische Fabel von einem, der zu einem großen Weisen kam und sagte: »Ich habe keine Seelenruhe. Bitte gib meiner Seele Frieden.« Der Weise antwortete: »Decke sie mir auf, deine Seele (dein ICH), und ich will sie beruhigen.« »Seit vielen Jahren«, erwiderte er, »habe ich meine Seele gesucht, aber ich kann sie nicht finden.« »Da!«, folgerte der Weise. »Sie fand Frieden.«

Der wirkliche Grund, warum das menschliche Leben so äußerst verbitternd und enttäuschend sein kann, liegt nicht darin, dass es Tod, Schmerz, Furcht oder Hunger gibt. Das Wahnsinnige daran ist, dass wir – sobald solche Tatsachen gegenwärtig werden – zu kreisen, herumzusausen, uns zu winden und zu wirbeln beginnen in dem Versuch, das »ICH« aus der Erfahrung loszubekommen. Wir tun, als wären wir Amöben, und versuchen uns vor diesem Leben zu schützen, indem wir uns in zwei Teile spalten. Gesundheit, Vollständigkeit und Unversehrtheit liegen in der Erkenntnis, dass wir ungeteilt sind, dass der Mensch und seine gegenwärtige Erfahrung eins sind, und dass es ein abgesondertes »ICH« oder Denken nicht gibt.

Solange das Gefühl, dass ich von meiner Erfahrung abgesondert bin, verbleibt, befinde ich mich in Verwirrung und Aufruhr. Daher gibt es weder Gewahrsein noch Verstehen der Erfahrung und somit keine Möglichkeit der Angleichung. Um diesen Augenblick zu verstehen, darf ich nicht den Versuch machen, mich davon abzutrennen; ich muss seiner mit meinem ganzen Wesen gewahr sein. Dies ist nichts, was ich tun muss. In Wirklichkeit ist es das Einzige, was ich tun kann. Alles andere ist der törichte Versuch, etwas Unmögliches erreichen zu wollen.

Um Musik zu verstehen, musst du ihr lauschen. Aber solange du denkst »ich höre zu«, hörst du nicht zu. Um Freude oder Furcht zu verstehen, musst du ihrer gänzlich und ungeteilt gewahr sein. Solange du sie benennst und sagst »Ich bin glücklich« oder »Ich fürchte mich«, bist du ihrer nicht gewahr. Furcht, Schmerz, Sorgen und Langeweile werden Probleme bleiben, wenn wir sie nicht begreifen, aber Begreifen erfordert einen ungeteilten, geschlossenen Geist. Das ist gewiss die Bedeutung des seltsamen Ausspruchs »Wenn dein Auge einfältig ist, so wird dein ganzer Leib licht sein« (Mt 6.22).

Der wunderbare Augenblick

Du lauschst einem Lied. Plötzlich frage ich: »Wer bist du in diesem Augenblick?« Wie wirst du diese Frage sofort und spontan beantworten, ohne nach Worten zu suchen? Wenn dich diese Frage nicht aus dem Zuhören herausreißt, wirst du damit antworten, dass du das Lied summst. Wenn dich die Frage überraschte, wirst du antworten: »Wer bist du in diesem Augenblick?« Wenn du aber zu denken anfängst, wirst du versuchen, mir nichts über diesen Augenblick, sondern über die Vergangenheit zu erzählen. Ich werde über deinen Namen und deine Adresse, deinen Beruf und deinen Lebenslauf unterrichtet werden. Ich aber fragte dich, wer du bist, nicht, wer du warst. Denn der Wirklichkeit, der lebendigen Gegenwart gewahr zu sein, heißt erkennen, dass in jedem Moment die Erfahrung alles ist. Daneben gibt es nichts – keine Erfahrung von »Dir« beim Erfahren der Erfahrung.

Sogar in den Momenten, in denen wir uns scheinbar am meisten unserer selbst bewusst sind, ist das

»Selbst«, dessen wir uns bewusst sind, immer irgendein besonderes Gefühl oder eine Empfindung – von Muskelanspannung, Wärme oder Kälte, von Schmerz oder Verwirrung, Atem oder pulsierendem Blut. Es gibt niemals ein Empfinden der Empfindung, die empfindet, ebenso wie es keinen Sinn hätte, zu versuchen, seine eigene Nase zu riechen oder seine eigenen Lippen zu küssen.

In Zeiten von Glück und Freude sind wir leicht bereit, uns des Augenblicks gewahr zu sein und die Erfahrung alles sein zu lassen. In solchen Augenblicken »vergessen wir uns selbst«, und das Denken macht keinen Versuch, sich von sich selbst zu teilen und sich von der Erfahrung abzusondern. Sobald jedoch Schmerzen eintreten, seien sie physisch oder gefühlsbedingt, wirklich oder vorgeahnt, beginnt die Spaltung und damit der ständige Kreislauf.

Sobald es offenbar wird, dass das geistige »ICH« der Wirklichkeit der Gegenwart einfach nicht entfliehen kann, da das geistige »ICH« nichts anderes ist als das, was ich jetzt weiß, wird der innere Aufruhr enden. Es bleibt keine andere Möglichkeit, als sich des Schmerzes, der Furcht, der Langeweile oder des Kummers ebenso vollkommen gewahr zu sein wie der Freude. Der menschliche Organismus besitzt die großartigsten Kräfte, sich sowohl physischen als auch psychischen Schmerzen anzupassen. Aber dies kann nur voll zur Auswirkung kommen, wenn man den Schmerz nicht ständig durch die innere Anstrengung, sich seiner zu entledigen – das

»ICH« vom Gefühl zu trennen –, wieder entfacht. Diese Anstrengung erzeugt einen Zustand der Spannung, in der der Schmerz erst recht gedeiht. Wenn die Spannung aber nachlässt, fangen Geist und Körper an, den Schmerz so zu absorbieren wie das Wasser einen Schlag oder Schnitt.

Eine weitere Geschichte von einem chinesischen Weisen berichtet, wie dieser gefragt wurde: »Wie können wir der Hitze entfliehen?«, womit natürlich die Glut des Leidens gemeint war. Er antwortete: »Begib dich mitten ins Feuer!« »Wie aber sollen wir dann der sengenden Flamme entfliehen?« »Du wirst keinen Schmerz mehr verspüren!« Wir brauchen nicht bis nach China zu gehen. Die gleiche Idee findet sich in »*Göttlichen Komödie*«, in der Dante und Virgil feststellen, dass der Weg aus der Hölle genau in deren Mittelpunkt liegt.

In Augenblicken größter Freude fangen wir – in der Regel – nicht an, zu denken »Ich bin glücklich« oder »Was für Freude!«. Normalerweise fangen wir auch nicht an, solche Gedanken zu haben, bis die Freude über ihren Höhepunkt hinaus ist, oder eine Angst, dass sie entschwinden könnte, sich einstellt. In solchen Zeiten sind wir derart des Augenblicks gewahr, dass wir keinen Versuch machen, seine Erfahrung mit anderen Erfahrungen zu vergleichen. Aus diesem Grund geben wir ihm keinen Namen, denn Namen, die nicht reine Ausrufe sind, sind auf Vergleiche gestützt. »Freude« unterscheidet sich von »Sorge« durch Gegensatz, durch Vergleich eines geistigen Zustandes mit dem anderen. Würden wir Freude nie gekannt haben, würde es nicht möglich sein, die Sorge als Sorge zu identifizieren.

In Wirklichkeit aber können wir Freude nicht mit Sorge vergleichen. Vergleichen ist nur möglich durch den sehr raschen Wechsel zweier geistiger Verfassungen, und du kannst zwischen echtem Gefühl der Freude und Sorge nicht so beliebig vor- und zurückschalten, wie deine Augen zwischen einem Hund und einer Katze hin- und herwechseln können. Sorge kann nur mit der »Erinnerung« an Freude verglichen werden, was keineswegs das Gleiche ist wie die Freude selbst.

Ebenso wenig wie Worte können Erinnerungen die Wirklichkeit erfolgreich »erfassen«. Erinnerungen sind irgendwie abstrakt, mehr ein Wissen um Dinge als von Dingen. Erinnerung fängt niemals das Wesentliche ein, weder die gegenwärtige Intensität noch die greifbare Wirklichkeit einer Erfahrung. Sie ist wie der Leichnam einer Erfahrung, aus dem das Leben entschwunden ist. Was wir aus der Erinnerung wissen, kennen wir nur aus zweiter Hand. Erinnerungen sind tot, weil sie feststehend sind. Die Erinnerung an deine verstorbene Großmutter bringt dir nur zurück, was deine Großmutter war. Jedoch könnte die wirkliche, anwesende Großmutter immer irgendetwas Neues tun oder sagen, und du wärest niemals ganz sicher, was sie als Nächstes täte.

Also gibt es zwei Wege, eine Erfahrung zu verstehen. Der erste ist der, sie mit den Erinnerungen anderer Erfahrungen zu vergleichen und sie derart zu benennen und zu bezeichnen. Das heißt, sie in Übereinstimmung mit Totem und Vergangenem auszulegen. Der zweite ist der, sie wahrzunehmen wie sie ist, wie wenn wir, im Übermaß der Freude, Vergangenheit und Zukunft vergessen, die Gegenwart alles sein lassen und uns dadurch nicht einmal Zeit nehmen zu denken: »Ich bin glücklich.«

Beide Wege haben ihr Gutes. Sie entsprechen jedoch dem Unterschied zwischen dem Wissen der Dinge durch Worte und dem unmittelbaren Wissen. Eine Speisekarte ist sehr nützlich, aber sie ist kein Ersatz für das Essen selbst. Ein Reiseführer ist ein bewundernswertes Handwerkszeug, jedoch ist er schwerlich dem Land, das er beschreibt, gleichzusetzen.

Der Kernpunkt ist also der, dass, wenn wir die Gegenwart durch Vergleich mit Erinnerung zu verstehen versuchen, wir sie nicht so eindringlich verstehen, als wenn wir sie ohne Vergleich wahrnehmen. Jedoch ist das üblicherweise die Art, wie wir an unangenehme Erfahrungen herangehen. Statt sie wahrzunehmen, wie sie sind, versuchen wir, uns mit ihnen in Begriffen der Vergangenheit auseinanderzusetzen. Jemand, der erschrocken oder einsam ist, denkt sofort: »Ich habe Angst« oder »Ich bin so einsam«.

Dies ist natürlich ein Versuch, der Erfahrung auszuweichen. Wir wollen dieser Gegenwart nicht gewahr werden. Da wir der Gegenwart aber nicht entgehen können, flüchten wir in Erinnerungen. Hier fühlen wir uns sicher, denn die Vergangenheit ist Feststehendes und Bekanntes – jedoch natürlich auch Totes. Um uns, sagen wir, von der Furcht freizumachen, bemühen wir uns sofort, uns davon abzusondern und sie in Begriffen der Vergangenheit zu fixieren, in Begriffen, die bereits feststehend und bekannt sind. Mit anderen Worten: Wir versuchen, uns der geheimnisvollen Gegenwart anzupassen, indem wir sie mit der Vergangenheit (aus der Erinnerung) vergleichen, sie benennen und identifizieren.

Das wäre sehr einfach, wenn du versuchen würdest, von etwas loszukommen, wovon du loskommen kannst. Es ist ein nützliches Verfahren, wenn du aus dem Regen ins Trockene kommen willst. Aber das sagt dir noch nicht, wie du mit Dingen fertig werden wirst, denen du nicht entgehen kannst und die bereits ein Teil deiner selbst sind. Dein Körper kann Gift nicht dadurch ausscheiden, dass er dessen Namen kennt. Furcht, Depression oder Langeweile dadurch zu beherrschen, dass man sie beschimpft, heißt, abergläubisch auf Flüche und Beschwörungen zu vertrauen.

Es ist so leicht zu erkennen, warum das nichts nützt. Offenbar versuchen wir, Furcht zu kennen, zu benennen und zu bezeichnen, um sie zum »Objekt« zu machen, das heißt, vom geistigen »Ich« zu trennen. Warum aber versuchen wir, uns von der Furcht zu trennen? Weil wir Angst haben. Mit anderen Worten: Furcht versucht, sich von Furcht zu lösen, wie wenn man Feuer mit Feuer bekämpfen wollte.

Und damit nicht genug. Je mehr wir uns daran gewöhnen, die Gegenwart in Begriffen der Erinnerung, das Unbekannte durch das Bekannte, das Lebende durch das Tote zu begreifen, desto trockener und mumifizierter, freudloser und enttäuschender wird das Leben. So vor dem Leben geschützt, wird der Mensch eine Art Molluske, von einer harten Schale von »Tradition« eingehüllt, sodass – wenn es kommt, wie es muss, und schließlich die Wirklichkeit durchbricht – die Flut zurückgedämmter Furcht sich austobt.

Wenn du andererseits der Furcht gewahr bist, erkennst du, da du jetzt selbst dies Gefühl bist, dass ein Entfliehen also unmöglich ist. Du merkst, dass es »Furcht« zu nennen dir wenig oder nichts darüber sagt, da Vergleich und Name auf Erinnerung, nicht aber auf vergangene Erfahrung gestützt sind. Du hast also keine andere Wahl, als sie mit deinem ganzen Sein wahrzunehmen als eine vollkommen neue Erfahrung. In der Tat ist jede Erfahrung in diesem Sinn neu; und in jedem Augenblick unseres Lebens sind wir mitten in etwas Neuem und Unbekanntem. Dann nimmst du die Erfahrung auf, ohne ihr zu widerstehen oder sie zu benennen, und der ganze Widerstreit zwischen dem geistigen »ICH« und der gegenwärtigen Wirklichkeit verschwindet.

In den meisten von uns nagt dieser Widerstreit ständig, weil unser Leben eine einzige Anstrengung ist, dem Unbekannten, der wirklichen Gegenwart, in der wir leben, zu widerstehen; das heißt dem Unbekannten, das im Begriff ist, geboren zu werden. So lebend, lernen wir nie, richtig damit zu leben. In jedem Moment sind wir vorsichtig, zögernd und in der Verteidigung. Und das alles völlig unnütz, da uns das Leben, wohl oder übel, in das Unbekannte wirft und Widerstand ebenso sinnlos und verbitternd ist, wie wenn man versucht, gegen einen reißenden Strom zu schwimmen. Die Kunst, in diesem »Zwiespalt« zu leben, besteht weder aus sorglosem Sichtreibenlassen noch aus furchtsamem Sichanklammern an Vergangenheit und Bekanntes. Sie besteht darin, gegenüber jedem Augenblick völlig empfindsam zu sein, ihn als völlig neu und einzigartig zu betrachten, mit aufgeschlossenem Geist und aufnahmebereit.

Dies ist keine philosophische Theorie, sondern ein Experiment. Man muss dieses Experiment machen, um zu verstehen, dass es völlig neue Kräfte der Anpassung an das Leben in Gang setzt, die Schmerz und Unsicherheit buchstäblich absorbieren. Es ist ebenso schwer zu beschreiben, wie dieses Aufnehmen sich vollzieht, wie den Schlag eines Herzens oder die Bildung der Zeugungsorgane zu schildern. Der »aufgeschlossene« Geist bewerkstelligt dies so, wie die meisten von uns atmen: ohne es überhaupt erklären zu können. Das Prinzip dieser

Sache ist eindeutig irgendetwas wie Judo, die behutsame (ju) Art (do), eine entgegengesetzte Kraft dadurch zu meistern, dass man ihr nachgibt.

Die natürliche Welt gibt uns viele Beispiele von der großen Wirkung dieses Prinzips. Die chinesische Philosophie – Taoismus –, von der Judo selbst eine Ausdrucksform ist, lenkte die Aufmerksamkeit auf die Kraft des Wassers, die alle Hindernisse durch seine Weichheit und Nachgiebigkeit überwindet. Sie zeigt, wie die biegsame Weide in einem Schneesturm die zähe Kiefer überlebt; während die unnachgiebigen Äste der Kiefer den Schnee aufhäufen, bis sie darunter zerbrechen, biegen sich die elastischen Zweige der Weide unter seinem Gewicht, werfen den Schnee ab und schnellen wieder zurück.

Wenn du beim Schwimmen in eine starke Strömung gerätst, so ist es verhängnisvoll, dagegen anzugehen. Du musst mit der Strömung schwimmen und dich allmählich seitwärts bewegen. Jemand, der mit steifen Gliedern von der Höhe herunterfällt, wird sie sich brechen; wenn er jedoch wie eine Katze nachgibt, wird er sicher landen. Ein Gebäude, das kein »Spiel« in seiner Struktur hat, wird bei einem Sturm oder Erdbeben leicht zusammenbrechen, und ein Wagen wird, ohne die Polsterung von Reifen und Federn, sehr bald auf der Straße auseinanderfallen.

Das Denken hat die gleichen Kräfte, denn es hat »Spielraum« und kann Schocks ebenso abfangen, wie Wasser oder Kissen es können. Aber einer entgegengesetzten Kraft nachzugeben ist keineswegs das Gleiche, wie vor ihr davonzulaufen. Eine Wassermenge läuft nicht davon, wenn du ihr einen Stoß versetzt; sie gibt deinem Stoß nur an der Stelle nach und umschließt deine Hand. Ein Stoßdämpfer fällt nicht, wie ein Kegel, beim Stoß zusammen; er gibt nach und steht noch an derselben Stelle. Nur für etwas Unelastisches ist Weglaufen die einzige Verteidigung gegen eine Übermacht. Deswegen hat der gute Stoßdämpfer nicht nur »Spielraum«, sondern auch Stabilität und »Schwere«.

Diese Schwere findet sich gleicherweise im Denken und zeigt sich in der vielfach missverstandenen Erscheinung der Trägheit. Bezeichnenderweise sind nervöse und unausgefüllte Leute ständig geschäftig, selbst wenn sie nichts tun; dieses Nichtstun ist die »Trägheit« der Furcht, nicht der Ruhe. Aber der Denk-Körper ist ein System, das Energie bewahrt und aufspeichert. Während dieser Tätigkeit ist er zu Recht träge. Wenn die Energie aufgespeichert ist, bewegt er sich aber auch genauso gern und doch wieder geschickt, nämlich auf der Linie des geringsten Widerstandes. Somit macht nicht nur Not, sondern auch Trägheit erfinderisch. Man braucht nur die bedächtigen »schweren« Bewegungen eines geschickten Arbeiters bei irgendeiner schweren Aufgabe zu beobachten; auch der gute Bergsteiger benutzt die Schwerkraft und macht lange, schwere Schritte, wenn er gegen sie angeht. Er legt sich gegen den Hang, wie sich das Segelboot gegen den Wind legt.

Wie findet sich nun, von solchem Gesichtspunkt aus, das Denken mit dem Leiden ab? Es entdeckt, dass Widerstand und Flucht – der geistige ICH-Prozess – ein falscher Schritt ist. Dem Schmerz kann man nicht entgehen, und Widerstand als Verteidigung macht ihn nur schlimmer; das gesamte System wird durch den Schock erschüttert. Wenn es die Unmöglichkeit dieses Weges sieht, so muss es entsprechend seiner Natur handeln; stabil bleiben und in sich aufnehmen.

Stabil bleiben bedeutet, auf den Versuch, sich vom Schmerz abzusondern, zu verzichten, weil du weißt, dass du das nicht kannst. Vor der Furcht weglaufen ist Furcht; Schmerz bekämpfen ist Schmerz; versuchen tapfer zu sein, heißt Angst haben. Wenn der Geist Schmerz verspürt, ist er Schmerz. Der Denker ist nur sein Gedanke. Es gibt kein Entkommen. Solange du dir jedoch der Untrennbarkeit von Denker und Gedanken nicht gewahr bist, wirst du zu entkommen suchen. Hieraus folgt naturgemäß das Insichaufnehmen. Das verlangt keine Mühe; der Geist tut es ganz von selbst. Wenn er sieht, dass es kein Entkommen vor dem Schmerz gibt, gibt der Geist ihm nach, nimmt ihn in sich auf und wird sich nur des Schmerzes bewusst, ohne dass irgendein »ICH« ihn fühlt oder ihm widersteht. Er erfährt Schmerz in derselben vollständigen und unbewussten Weise, in welcher er Freude erfährt. Schmerz ist die Natur dieses gegenwärtigen Augenblicks, und ich kann nur im Augenblick leben.

Wenn der Widerstand aufhört, geht der Schmerz manchmal fort oder mindert sich zu einem leicht erträglichen Weh. Manchmal wiederum bleibt er, jedoch lässt uns die Abwesenheit irgendwelchen Widerstandes den Schmerz in so unvertrauter Weise empfinden, dass es schwer zu beschreiben ist. Der Schmerz ist nicht länger ein Problem. Ich fühle ihn, aber es drängt mich nicht, ihn loszuwerden, denn ich habe entdeckt, dass Schmerz und der Versuch, mich von ihm loszulösen, dasselbe sind. Der Wunsch, sich vom Schmerz zu lösen, ist der Schmerz; es ist nicht die Reaktion eines »ICH«, das vom Schmerz unterscheidbar ist. Wenn du das entdeckst, dann vermengt sich der Wunsch des ihm »Entgehens« mit dem Schmerz, und dieser verschwindet. Wenn du Aspirin im Augenblick außer Acht lässt, so kannst du deinen Kopf nicht so von den Kopfschmerzen entfernen, wie du deine Hand von einer Flamme zurückziehen kannst. »Du« gleich »Kopf« gleich »Schmerz«. Wenn du wirklich einsiehst, dass DU der Schmerz bist, hört der Schmerz auf, ein Beweggrund zu sein, denn es ist niemand zum Bewegen da. Er wird im wahren Sinn bedeutungslos. Er tut weh – Punkt. Das ist aber nicht etwa ein Experiment, das man als eine Art Trick für kritische Augenblicke in Reserve hält. Es ist eine Art zu leben. Das bedeutet, stets und ab sofort aufgeschlossen, beweglich und empfindsam sein, in allen Handlungen und Beziehungen gewahr des gegenwärtigen Augenblicks. Dies wiederum hängt von der Erkenntnis ab, dass du keine Wahl hast, als gewahr zu sein – weil du dich nicht von der Gegenwart loslösen und sie nicht erklären kannst. Du kannst dich natürlich weigern, das zuzugeben, aber nur auf Kosten eines unerhörten und unnützen Kraftaufwandes, das ganze Leben mit Widerstand gegen das Unvermeidliche zu verbringen.

Wenn das einmal verstanden ist, so ist es wirklich töricht zu sagen, dass es eine Wahl oder Alternative zwischen diesen beiden Arten des Lebens gibt, zwischen furchtlosem und panischem Schwimmen gegen den Strom und der Erkenntnis einer neuen Welt, umgestaltet und immer voller neuer Wunder. Der Schlüssel ist Verstehen. Zu fragen, wie man das macht, welche Technik oder Methode man anwendet, welches die Spielregeln sind, heißt ganz an der Sache vorbeigehen. Methoden sind da, um Dinge zu schaffen, die noch nicht existieren. Wir befassen uns hier aber mit dem Verstehen von etwas, das ist – dem gegenwärtigen Augenblick. Es handelt sich nicht um eine psychologische oder geistige Lehre zur Selbstvervollkommnung. Es handelt sich nur darum, die gegenwärtige Erfahrung wahrzunehmen und sich klarzumachen, dass du sie weder erklären noch dich von ihr trennen kannst. Die einzige Regel heißt: »Nimm wahr!«

Es ist nicht nur dichterische Schwärmerei zu sagen, dass wir mit einem so befreiten Geist in eine neue Welt blicken; neu wie am ersten Tag der Schöpfung, als »die Morgensterne miteinander sangen und alle Geschöpfe Gottes vor Freude jubelten«. Wenn wir versuchen, alles in Begriffen der Erinnerung, der Vergangenheit und in Worten zu verstehen, hätten wir unsere Nase wirklich den größten Teil unseres Lebens im Reiseführer gehabt und niemals die Ansicht selbst betrachtet. Whiteheads Kritik der traditionellen Erziehung ist auf unsere ganze Lebensweise anwendbar:

»Wir sind in unserer schulmäßigen Routine
zu ausschließlich Bücherwürmer …
Im Garten Eden sah Adam die Tiere,
ehe er ihnen Namen gab;
im traditionellen System
benannten die Kinder die Tiere,
ehe sie sie sahen.«[6]

Im weitesten Sinn des Wortes bedeutet Benennen, Erfahrung durch Vergangenheit auszulegen, sie in Begriffe der Erinnerung zu übersetzen, das Unbekannte in das System des Bekannten einzuordnen. Der zivilisierte Mensch kennt kaum einen anderen Weg, die Dinge zu verstehen. Jeder und alles muss sein Schild und seine Nummer haben, muss bescheinigt, registriert und eingeordnet sein. Was nicht eingeordnet ist, ist regelwidrig, unberechenbar und gefährlich. Ohne Pass, Geburtsschein oder Nationalität wird eine Existenz nicht anerkannt. Wenn du mit den Kapitalisten nicht übereinstimmst, nennen sie dich einen Kommunisten und umgekehrt.

Eine Person, die sich keiner dieser Anschauungen anschließt, wird schnell gänzlich unbegreiflich.

Dass man das Leben auch ganz losgelöst von allen Vorstellungen, Glaubenslehren, Meinungen und Theorien betrachten kann, ist für das moderne Denken die entfernteste aller Möglichkeiten. Wenn es solch einen Blickpunkt gibt, so nur in dem leeren Gehirn eines Halbblöden. Wir leiden an der Täuschung, dass das gesamte Weltall durch die menschlichen Gedankenbegriffe in Ordnung gehalten wird, und fürchten, dass, wenn wir uns nicht mit äußerster Zähigkeit an diese klammern, alles in einem Chaos untergehen wird.

Wir müssen wiederholen: Erinnerung, Gedanken, Sprache und Logik sind wesentlich für das menschliche Leben. Sie sind die eine Hälfte des geistigen Gesundseins. Eine Person, eine Gesellschaft jedoch, die geistig nur halb gesund ist, ist geisteskrank. Das Leben ohne Worte zu betrachten bedeutet nicht den Verlust der Fähigkeit, Worte zu formen, zu denken, zu erinnern und zu planen. Zu schweigen heißt nicht, dass du das Sprechen verloren hast. Im Gegenteil, nur durch Schweigen kannst du etwas Neues finden, worüber du reden kannst. Jemand, der unaufhörlich redet, ohne dazwischen zuzuhören und sich umzusehen, würde sich selbst bis zum Erbrechen wiederholen.

Es ist das Gleiche hinsichtlich des Denkens, das in Wirklichkeit schweigendes Reden ist. Es ist nicht von allein der Entdeckung von irgendetwas Neuem offen, denn seine einzigen Neuigkeiten sind nur Umstellungen von Worten und Ideen. Es gab eine Zeit, als die Sprache ständig durch neue Worte bereichert wurde, eine Zeit, als Menschen, wie Adam, die Dinge sahen, bevor sie sie benannten. Heutzutage sind fast alle neuen Worte Neuordnungen alter Worte, denn wir denken nicht länger schöpferisch. Hiermit meine ich nicht etwa, dass wir nun alle mit neuen Erfindungen und revolutionären Entdeckungen übersprudeln sollten. Das ist die sehr seltene Kraft derjenigen, die beides können, das Unbekannte sehen und deuten. Für die meisten von uns liegt die andere Hälfte der geistigen Gesundheit einfach darin, das Unbekannte zu sehen und zu genießen, genauso, wie wir Musik genießen, ohne zu wissen, wie sie geschrieben wurde und wie sie der Körper hört.

Gewiss muss der revolutionäre Denker über die Gedanken hinausgehen. Er weiß, dass ihm seine besten Ideen kommen, wenn er zu denken aufgehört hat. Er mag sich gemüht und gemüht haben, ein Problem nach alten Denkbegriffen zu lösen, nur um das unmöglich zu finden. Wenn aber die Gedanken aus Erschöpfung wegbleiben, ist der Geist geöffnet, um das Problem zu sehen, wie es ist – nicht, wie es formuliert ist –, und sofort ist es verstanden.

Über das Denken hinauszugehen ist nicht genialen Menschen vorbehalten. Es ist uns allen insofern zugänglich, als »das Mysterium des Lebens nicht ein Problem ist, das gelöst, sondern eine Wirklichkeit, die erfahren werden muss«. Viele sind Seher, aber nur wenige Propheten. Viele lauschen der Musik, aber wenige können sie komponieren oder wiedergeben. Du aber kannst nicht einmal lauschen, wenn du nur in Begriffen der Vergangenheit zu hören vermagst. Was gäbe uns eine Mozart'sche Symphonie, wenn unsere Ohren nur auf die Musik des Tam-Tam abgestimmt wären? Wir vernähmen vielleicht den Rhythmus, kaum jedoch etwas von der Harmonie und Melodie. Mit anderen Worten, wir würden ein wesentliches Element der Musik nicht entdecken. Um solch eine Symphonie zu hören – erst recht sie zu schreiben –, mussten die Menschen neue Geräusche entdecken: die Schwingung der Darmsaiten, den Ton der Luft in einem Rohr und das Summen eines gezupften Drahtes. Sie mussten die ganze Welt der Töne entdecken, als etwas gänzlich Unterschiedliches vom Takt.

Wenn ich nur Takt in mich aufzunehmen vermag, kann ich den Ton nicht würdigen. Wenn ich bei Malerei nur an eine Art Herstellung kolorierter Fotografien ohne Benutzung einer Kamera denke, kann ich in einer chinesischen Landschaft nur Nichtkönnen erblicken. Wir lernen nichts von besonderer Bedeutung, sobald alles völlig in Begriffen vergangener Erfahrungen erklärt werden kann. Wenn es möglich wäre, alle uns bereits bekannten Begriffe zu verstehen, würden wir einem blinden Mann das Gefühl für Farbe allein mit Ton, Geschmack, Gefühl und Geruch vermitteln können.

Wenn dies auf die verschiedenen Künste und Wissenschaften zutrifft, so trifft es noch tausendmal mehr zu, wenn es sich darum handelt, das Leben im weiteren Sinn begreifen und einiges Wissen um die allerletzte Wirklichkeit, oder Gott, haben zu wollen. Es ist sicherlich absurd, Gott in Begriffen einer vorgefassten Idee über Gott zu suchen. Derart zu suchen würde nur bedeuten, zu finden, was wir bereits wissen, weshalb es so leicht ist, sich selbst in alle möglichen Arten »übernatürlicher« Erfahrungen und Visionen hineinzutäuschen. An Gott zu glauben und nach dem Gott, an den du glaubst, auszuschauen heißt, lediglich Bestätigung einer Meinung zu suchen. Nach einer Offenbarung von Gottes Willen suchen und dann diese »überprüfen« durch Vergleich mit unseren vorgefassten Moralbegriffen heißt aus dem Suchen eine Farce machen. Du wusstest die Antwort bereits. Nach Gott in dieser Art suchen ist nichts anderes als nach dem Stempel absoluter Autorität und Sicherheit dessen suchen, was du in jedem Fall glaubst; nach einer Garantie dafür, dass das Unbekannte und die Zukunft eine Fortsetzung von allem sein wird, was du aus der Vergangenheit zurückbehalten möchtest – eine bessere und festere Burg für das »ICH«. Eine feste Burg!

Wenn wir uns nur Entdeckungen erschließen, die mit unserem bereits vorhandenen Wissen übereinstimmen, können wir von vornherein verschlossen bleiben. Aus diesem Grund sind auch die erstaunlichen Fortschritte des Wissens und der Technik von so geringem wirklichen Nutzen für uns. Es ist vergebene Mühe, dass wir den Kurs zukünftiger Ereignisse vorauszusagen und zu kontrollieren versuchen, wenn wir nicht in der Gegenwart zu leben wissen. Es ist vergebene Mühe, dass die Ärzte unser Leben verlängern, wenn wir die gewonnene Zeit benutzen, um angstvoll nach noch längerem Leben zu trachten. Es ist vergebene Mühe, dass die Ingenieure immer schnellere und leichtere Möglichkeiten zur Überbrückung von Entfernungen schaffen, wenn das Neue, das wir sehen, nur geordnet und verstanden wird in Begriffen alter Vorurteile. Es ist vergebene Mühe, dass wir das Atom beherrschen lernen, wenn wir nur im alten Geleise bleiben, Menschen in die Luft zu jagen.

Werkzeuge wie diese, ebenso wie das Werkzeug der Sprache und des Denkens, sind für die Menschen nur dann von wirklichem Nutzen, wenn diese wach sind – nicht in einem Traumland von Vergangenheit und Zukunft verloren, sondern in engster Fühlung mit dem Zeitpunkt der Erfahrung, in dem die Wirklichkeit allein entdeckt werden kann: dem gegenwärtigen Augenblick. Dort ist das Leben lebendig, vibrierend, anschaulich und gegenwärtig. Dort enthält es Tiefen, die wir kaum zu erforschen begonnen haben. Aber um es überhaupt zu sehen und zu verstehen, darf der Geist nicht geteilt werden in das geistige »ICH« und »diese Erfahrung«. Der Augenblick muss das sein, was er immer ist – alles, was du bist, und alles, was du weißt. In diesem Haus ist kein Raum für dich und mich!

Die Verwandlung des Lebens

Der weiße Mann sieht sich selbst als ein praktisches Wesen, das »Ergebnisse vorzeigen« will. Er ist ungeduldig Theorie und Diskussionen gegenüber, die nicht eine unmittelbare Nutzanwendung zur Folge haben. Im Großen und Ganzen könnte das Verhalten der westlichen Zivilisation als »Viel Lärm um nichts« geschildert werden. Der genaue Sinn von »Theorie« ist nicht müßiges Nachdenken, sondern Vision, und es wurde mit Recht gesagt, »ein Volk ohne Vision stirbt«. Mit Visionen in diesem Sinn sind jedoch keine Zukunftsträume oder Ideale gemeint. Gemeint ist, das Leben zu verstehen, wie es ist, zu begreifen, was wir sind und was wir tun. Ohne dieses Verstehen ist es einfach lächerlich, von Praktischsein und Resultaten zu reden. Es ist, als ob du eifrig im Nebel herumwanderst; du gehst immer rundherum, nicht wissend, wohin du gehst, noch was für Ergebnisse du wirklich wünschst.

Wer in dieser Art zu denken gewohnt ist, dem mag, was wir bisher diskutiert haben, zu theoretisch erscheinen. Diese Ideen sind alle gut und schön – aber funktionieren sie auch? Doch dann muss ich fragen: »Was meinst du mit ›funktionieren‹?« Die übliche praktische »Erprobung« einer Philosophie besteht darin, festzustellen, ob sie die Menschen besser und glücklicher macht, ob sie zu Frieden, Zusammenarbeit und Wohlstand führt. Jedoch ist dies ein bedeutungsloser Prüfstein ohne viel theoretisches Verständnis. Was verstehst du unter Glück? Wofür sind Leute, die besser sind, besser? Worin willst du zusammenarbeiten? Was wirst du anfangen mit Frieden und Wohlstand?

Die Antwort auf diese Frage hängt völlig davon ab, was wir jetzt sind und was wir jetzt wirklich wünschen. Wenn wir zum Beispiel zur selben Zeit Frieden und Isolierung, Brüderschaft und Sicherheit für das geistige »ICH«, Glück und Beständigkeit wünschen, sind unsere Wünsche einander entgegengesetzt. Ihre Resultate, wie praktisch auch immer wir sie zu erreichen suchen, werden weitere Gegensätze entstehen lassen. Es ist die alte Geschichte, alles auf einmal essen zu wollen – was zu der einzig möglichen Schlussfolgerung führt, dass du so lange alles in dir behältst, bis dir speiübel wird.

Wenn wir Nationalisten sein und einen Staatssouverän haben wollen, können wir nicht auch noch einen Weltfrieden erwarten. Wenn wir alles zum billigsten Preis haben wollen, können wir nicht die beste Qualität erwarten, da zwischen beiden die Mittelmäßigkeit liegt. Wenn wir unser Ideal darin sehen, moralisch überlegen zu sein, können wir nicht zur gleichen Zeit Selbstgerechtigkeit vermeiden. Wenn wir uns an den Glauben an Gott klammern, können wir nicht gleichzeitig Vertrauen haben, denn Vertrauen klammert sich nicht an, sondern gibt sich hin.

Wenn wir schließlich wissen, was wir wollen, bleiben noch immer genügend praktische und technische Probleme übrig. Es hat aber keinen Sinn, darüber zu diskutieren, ehe wir das entschieden haben. Umgekehrt gibt es keine Möglichkeit, uns zu entscheiden, was wir wollen, solange wir gespalten sind, solange das geistige »ICH« eine Sache und »Erfahrung« eine andere ist. Wenn das Denken die richtunggebende Kraft für das Handeln ist, müssen der Geist und seine Schau vom Leben miteinander versöhnt werden, weil sonst das Handeln nur Konflikte bringt. Daher muss einiges über diese Gesundung der Lebenssicht gesagt werden, die mit voller Erkenntnis kommt, denn sie bringt eine tiefe Wandlung unserer Ansichten über diese Welt mit sich. Soweit Worte es überhaupt beschreiben können, besteht diese Verwandlung in dem Wissen und Fühlen, dass die Welt eine organische Einheit ist. Normalerweise wissen wir dies aus Kenntnis, nicht aber weil wir fühlen, dass es wahr ist. Unzweifelhaft fühlen sich die meisten Leute von allem, was sie umgibt, getrennt. Auf der einen Seite bin ich, und auf der anderen Seite ist der Rest des Weltalls. Ich bin nicht wie ein Baum in der Erde verwurzelt, ich streife unabhängig umher, scheine der Mittelpunkt von allem und doch abgeschnitten und allein zu sein. Ich kann fühlen, was in meinem eigenen Körper, aber nur vermuten, was in anderen vor sich geht. Mein bewusstes Denken muss Ursprung und Wurzeln in den unergründlichen Tiefen des Seins haben, und dennoch habe ich das Empfinden, als ob es ganz für sich allein in dieser engen, kleinen Hirnschale lebt.

Dessen ungeachtet ist es eine physische Tatsache, dass mein Körper nur in Beziehung zu diesem Universum lebt, und wirklich bin ich damit verknüpft und abhängig davon wie das Blatt vom Baum. Ich fühle mich nur deshalb losgelöst, weil ich in mir selbst gespalten bin, weil ich versuche, mich von meinen eigenen Gefühlen und Empfindungen abzutrennen. Was ich fühle und empfinde, scheint mir daher fremd. Und indem ich der Unwirklichkeit dieser Trennung gewahr werde, erscheint mir das Universum nicht mehr fremd.

Denn ich bin, was ich weiß; was ich weiß, bin ich. Die Wahrnehmung eines Hauses auf der anderen Straßenseite oder eines Sterns im weiten Raum ist nicht weniger »ICH« als ein Jucken meiner Fußsohle oder eine Idee in meinem Kopf.

In einem anderen Sinn bin ich auch das, was ich nicht weiß. Ich bin mir meines Gehirns als eines Gehirns nicht bewusst. In genau gleicher Weise bin ich des Hauses auf der anderen Straßenseite nicht als einer von meiner Wahrnehmung getrennten Sache bewusst. Ich kenne mein Gehirn als Gedanken und Gefühle und das Haus als Wahrnehmung. In gleicher Weise und gleichem Sinn, wie ich mein eigenes Hirn oder das Haus nicht als eine Sache für sich kenne, weiß ich auch nicht die verborgenen Gedanken deines Gehirns.

Jedoch sind mein Gehirn, also »ICH«, dein Gehirn und dessen Gedanken, ebenso wie das Haus auf der anderen Straßenseite, alles Teile eines unentwirrbaren, in sich verwickelten Prozesses, genannt: die wirkliche Welt. Ob ich mir dessen bewusst bin oder nicht, alles ist »ICH« im gleichen Sinn; Sonne, Luft, menschliche Gesellschaft sind ebenso lebensnotwendig für mich wie mein Gehirn oder meine Lunge. Wenn also dies Gehirn mein Gehirn ist – sowenig ich dessen gewahr bin –, ist die Sonne meine Sonne, die Luft meine Luft und die Gesellschaft meine Gesellschaft.

Gewiss kann ich der Sonne nicht gebieten, eiförmig zu sein, noch dein Gehirn zwingen, unterschiedlich zu denken. Ich kann auch nicht das Innere der Sonne sehen, noch deine geheimsten Gedanken teilen. Jedoch kann ich ebenso wenig die Gestalt und Struktur meines eigenen Gehirns ändern, noch es als blumenkohlartiges Gebilde empfinden. Wenn mein Gehirn aber nichtsdestoweniger »ICH« ist, ist die Sonne »ICH«, die Luft »ICH« und die Gesellschaft, deren Mitglied ich bin, auch »ICH«. Denn alle diese Dinge sind genauso wesentlich für meine Existenz, wie es mein Gehirn ist.

Dass es eine Sonne gibt, getrennt von meiner Wahrnehmung davon, ist eine Schlussfolgerung. Die Tatsache, dass ich ein Gehirn habe, obzwar ich es nicht sehen kann, ist gleichermaßen eine Folgerung. Wir wissen über diese Dinge nur aus der Theorie und nicht durch unmittelbare Erfahrung. Jedoch ist diese »äußere« Welt theoretischer Gegenstände anscheinend ebenso eine Einheit wie die »innere« Welt der Erfahrung. Aus Erfahrung folgere ich, dass sie existiert. Und da Erfahrung eine Einheit ist – ich bin meine Wahrnehmung –, muss ich gleichermaßen folgern, dass dieses theoretische Weltall eine Einheit ist, dass mein Körper und die Welt eine einzige Einheit bilden.

Nun hat es zahlreiche Theorien über die Einheit des Weltalls gegeben, aber sie haben die Menschheit nicht von der Isolation des Egoismus, von Konflikten und von der Lebensangst befreit, weil Folgerung und Gefühl durch eine Welt getrennt sind. Du kannst die Schlussfolgerung ziehen, dass das Universum eine Einheit ist, ohne dass du das fühlst. Du kannst die Theorie aufstellen, dass dein Körper eine Bewegung in einem ununterbrochenen Lauf ist, der alle Sonnen und Sterne einschließt, und dich trotzdem weiterhin abgetrennt und einsam fühlen. Denn das Gefühl wird der Theorie nicht entsprechen, solange du nicht auch die Einheit innerer Erfahrung entdeckt hast. Trotz aller Theorien wirst du dich vom Leben abgesondert fühlen, solange du innerlich geteilt bist.

Aber du wirst dich nicht mehr vereinsamt fühlen, wenn du zum Beispiel erkennst, dass du nicht das Empfinden des Himmels hast; du *bist* das Empfinden. In Bezug auf alles, was das Fühlen angeht, ist dein Empfinden vom Himmel der Himmel – und es gibt kein »Du« getrennt von dem, was du empfindest, fühlst und weißt. Dies ist der Grund, weshalb Mystiker und viele Dichter häufig dem Gefühl Ausdruck geben, dass sie »eins mit dem All« oder »vereint mit Gott« sind. Manchmal allerdings ist das Gefühl rein sentimental, und der Dichter ist »eins mit der Natur« gerade so lange, als diese ihm wohlgesinnt ist und sie seiner eigenen menschlichen Natur entspricht.

Der Mensch aber muss entdecken, dass alles, was er in der Natur erblickt – die fremdartige Welt der Meerestiefe, die Eiswüsten, die Reptilien im Sumpf, die Spinnen und die Skorpione, die Einöden unbewohnter Planeten –, sein Gegenstück in ihm selbst hat. Er ist also nicht eins mit sich, bis er erkannt hat, dass diese »niedere Seite« der Natur und das Grauen, das sie ihm einflößt, ebenso »ICH« sind.

Denn alle Eigenschaften der uns umgebenden Welt, die wir bewundern oder verachten, sind Widerspiegelungen des eigenen Inneren, wenngleich eines Inneren, das auch zugleich etwas Jenseitiges, Unbewusstes, Weites, Unbekanntes ist. Unsere Gefühle bei der wimmelnden Welt der Wespennester und Schlangengruben sind Gefühle verborgener Aspekte unseres eigenen Körpers und Gehirns und von deren Möglichkeiten zu unvertrautem Ekel und Schauern, hässlichen Krankheiten und unvorstellbaren Schmerzen.

Ich weiß nicht, ob es wahr ist, aber es wird behauptet, dass einige der großen Weisen und »Heiligen« eine scheinbar übernatürliche Kraft über wilde Tiere und Reptilien, die normalen Sterblichen gegenüber immer gefährlich sind, haben. Sollte das wahr sein, so gewiss deshalb, weil sie mit dem »Tier und der Schlange« in sich selbst in Frieden leben können. Sie brauchen nicht den wilden Elefanten Behemoth oder das Meeresungetüm Leviathan zu rufen; sie reden sie ganz einfach als »Langnase« und »Aalglatte« an.

Das Gefühl der Einheit mit dem »All« ist jedoch nicht ein verschwommener Geisteszustand, eine Art Trance, in der alle Formen und Unterschiede abgeschafft sind, wie wenn Mensch und Universum in einem leuchtenden blasslila Nebel verschmelzen. Genau wie Verlauf und Form, Energie und Materie, Ich und Erfahrung nur Namen und Betrachtungsarten für das Gleiche sind, so sind eines und vieles, Einheit und Vielzahl, Wesenseinheit und Unterschied nicht ausschließend einander entgegengesetzt; sie sind jeder auch das andere, genau wie der Körper seine verschiedenen Organe ist. Zu entdecken, dass die vielen das eine sind, dass das eine die vielen ist, heißt erkennen, dass beides Worte und Geräusche sind, die das schildern, was sofort für Empfindung und Gefühl offenkundig und ein Rätsel für Logik und Darstellung ist.

Ein junger Mann auf der Suche nach Weisheit begab sich in die Erziehung eines berühmten Weisen. Dieser nahm ihn zu seinem Begleiter. Nach einigen Monaten aber beschwerte sich der junge Mann, dass er bisher noch keinerlei Belehrungen erhalten habe. »Was meinst du damit!«, rief der Weise aus. »Aß ich nicht den Reis, als du ihn mir brachtest? Trank ich nicht den Tee, den du mir gabst? Wenn du mich grüßtest, erwiderte ich nicht den Gruß? Wann habe ich je vernachlässigt, dir Belehrungen zu erteilen?« – »Ich fürchte, das verstehe ich nicht!«, erwiderte der junge Mann völlig verwirrt. »Wenn du hineinsehen willst«, antwortete der Weise, »sieh direkt hinein! Wenn du aber beginnst, darüber nachzudenken, wirst du es nie begreifen.«

Chrysanthemen pflücken
an des Ostens Grenze;
in Schweigen die südlichen Hügel betrachten;
die Vögel fliegen in Paaren heim
durch die weiche Luft
der Bergesdämmerung. –
In diesen Dingen liegt ein tiefer Sinn.
Ihm Ausdruck zu geben,
fehlen plötzlich uns die Worte.

Der Sinn ist nicht der einer beschaulichen und vielleicht oberflächlich idyllischen Atmosphäre, wie sie die chinesischen Poeten lieben. Das ist bereits ausgedrückt, und der Dichter schmückt die Lilie nicht mit Gold. Er wird nicht – wie so viele westliche Dichter – zum Philosophen werden und sagen, dass er »eins« sei mit den Blumen, dem Zaun, den Hügeln und den Vögeln. Auch dies heißt, die Lilie vergolden oder, in seiner eigenen östlichen Ausdrucksweise, »einer Schlange Beine geben«. Denn wenn du wirklich begreifst, dass du bist, was du siehst und weißt, so läufst du nicht im Land herum und denkst »All dies bin ich«. Da ist eben nur »all dies«.

Das Gefühl, dass wir der Welt von Angesicht zu Angesicht gegenüberstehen, abgeschnitten und abgesondert, hat den größten Einfluss auf Denken und Handeln. Die Philosophen beispielsweise versäumen manchmal, zu erkennen, dass ihre Bemerkungen über das Weltall auch auf sie selbst und ihre Bemerkungen anwendbar sind. Wenn das Weltall ohne Sinn ist, so ist es gewiss die Feststellung selbst auch. Wenn diese Welt eine bösartige Falle ist, so ist es auch ihr Ankläger, und der Esel schimpft den Esel Langohr.

Im eigentlichen Sinn können wir tatsächlich überhaupt nicht über Leben und Wirklichkeit nachdenken, denn dies müsste einschließen: denken über das Denken, denken über das Denken über das Denken und so ad infinitum. Man kann an eine rationelle, beschreibende Philosophie des Universums nur unter der Voraussetzung herangehen, dass man völlig getrennt davon ist. Aber wenn du und deine Gedanken Teil dieses Universums sind, so kannst du nicht außerhalb von ihnen stehen und sie beschreiben. Das ist der Grund, warum alle philosophischen und theologischen Systeme letztlich auseinanderfallen müssen. Um die Wirklichkeit zu »kennen«, kannst du nicht außerhalb von ihr stehen und sie erläutern; du musst in sie hineingehen, sie sein und fühlen.

Forschende Philosophie, wie wir sie in der westlichen Welt kennen, ist nahezu völlig eine Erscheinungsform des geteilten Denkens, nämlich von Menschen, die versuchen, außerhalb ihrer Welt und ihrer Erfahrung zu stehen, um diese in Worte zu kleiden und zu klären. Es ist ein Circulus vitiosus, wie alles, was der geteilte Geist unternimmt. Andererseits muss die Erkenntnis, dass der Geist in Wirklichkeit ungeteilt ist, einen entsprechenden und ebenso weit reichenden Einfluss auf Denken und Handeln haben. Genau wie der Philosoph versucht, außerhalb seiner selbst und seines Denkens zu stehen, so versucht – wie wir gesehen haben – der normale Mensch außerhalb seiner selbst, seiner Empfindungen und Wahrnehmungen, seiner Gefühle und Triebe zu stehen. Das Ergebnis ist eine fantastische Verwirrung und Irreleitung des Verhaltens, der die Entdeckung von der Einheit des Geistes ein Ende setzen muss. Solange der Geist gespalten ist, ist das Leben ewig Konflikt, Spannung, Fruchtlosigkeit und Enttäuschung. Leid wird auf Leid gehäuft, Furcht auf Furcht, Langeweile auf Langeweile. Je mehr die Fliege sich anstrengt, aus dem Honig zu kommen, umso fester sitzt sie darin gefangen. Es ist kein Wunder, dass unter dem Druck von so viel vergeblicher Anstrengung der Mensch Erleichterung in Leidenschaft und Sensation sucht und in der rücksichtslosen Ausbeutung seines Körpers, seiner Gelüste, der materiellen Welt und seiner Mitmenschen. Es ist nicht auszurechnen, was dies zu den notwendigen und unvermeidbaren Qualen des Daseins beiträgt.

Der ungeteilte Geist jedoch ist frei von der Spannung, die versucht, stets außerhalb sich selbst zu stehen und anderswo zu sein als hier und jetzt. Jeder Augenblick wird voll gelebt, und daraus ergibt sich ein Gefühl der Erfüllung und Vollendung. Der geteilte Geist tritt an den gedeckten Tisch und probiert ein Gericht nach dem anderen, weiter und weiter, ohne irgendetwas zu verdauen, nur um zu erproben, ob das nächste nicht noch besser ist. Er findet nichts gut, weil er nichts wirklich schmeckt.

Wenn du andererseits erkennst, dass du in diesem Augenblick lebst, ja dass du dieser Augenblick und kein anderer bist, dass es daneben keine Vergangenheit und keine Zukunft gibt, so musst du dich entspannen und alles auskosten – sei es nun Freude oder Schmerz. Sofort wird offensichtlich, warum dies Weltall besteht, warum denkende Wesen, empfindungsfähige Organe geschaffen wurden, Raum, Zeit und Wechsel. Das ganze Problem, die Natur zu rechtfertigen, zu versuchen, dem Leben in Begriffen der Zukunft einen Sinn zu verleihen, verschwindet völlig. Offenbar besteht alles nur für diesen Augenblick. Es ist ein Tanz, und wenn du tanzt, willst du nicht irgendwo hingelangen. Du drehst dich rundherum, aber nicht in der Vorstellung, dass du irgendetwas verfolgst oder den Klauen der Hölle entfliehen willst.

Wie lange schon kreisen die Planeten um die Sonne? Gelangen sie irgendwohin und bewegen sie sich schneller und schneller, um ans Ziel zu gelangen? Wie oft ist der Frühling zur Erde zurückgekehrt? Kommt er jedes Jahr schneller und bunter, um schöner zu sein als der letzte Frühling, und eilt er sich, um schließlich der Frühling zu werden, der alle vorangegangenen aussticht?

Sinn und Zweck des Tanzes ist der Tanz. Wie Musik ist auch er in jedem Augenblick seines Verlaufs erfüllt. Du spielst eine Sonate nicht, um zum Schlussakkord zu kommen, und wenn der Sinn der Dinge immer nur in ihrem Ende läge, würden Komponisten nur das Finale schreiben. Es mag jedoch am Rande bemerkt werden, dass die für unsere Kultur besonders charakteristische Musik in gewisser Hinsicht fortschrittlich ist und manchmal ganz eindeutig auf ihrem Weg zu einem künftigen Höhepunkt zu sein scheint. Aber wenn sie dort ankommt, weiß sie nicht, was sie mit sich tun soll. Beethoven,

Brahms und Wagner muss man besonders den Vorwurf machen, dass sie sich in ungeheure Höhepunkte hineingesteigert haben und dann immer wieder und wieder denselben Akkord in die Gegend posaunen – den Augenblick damit verderbend, weil sie sich nicht von ihm trennen können.

Wenn jeder Augenblick zur Erwartung wird, wird das Leben der Erfüllung beraubt, und der Tod wird gefürchtet, weil hier die Erwartung zu einem Ende zu kommen scheint. Solange Leben ist, ist Hoffnung – und wenn man von der Hoffnung lebt, ist Tod tatsächlich das Ende. Für den ungeteilten Geist aber ist der Tod nur ein anderer Augenblick, vollkommen wie jeder Augenblick, und gibt sein Geheimnis nicht preis, wenn er nicht voll gelebt wird.

Und ich legte getrost mich nieder.

Tod ist der letzte Schluss der Erkenntnis, dass wir in jedem Augenblick ins Unbekannte gehen. Hier muss alles Klammern an Sicherheit aufhören, und wo immer die Vergangenheit weggeworfen und Sicherheit aufgegeben wird, wird das Leben neu. Tod ist das Unbekannte, in dem wir alle vor der Geburt gelebt haben.

Nichts ist schöpferischer als der Tod; denn er ist das ganze Geheimnis des Lebens. Er bedeutet, dass die Vergangenheit abgestreift werden muss, dass man dem Unbekannten nicht entgehen kann, dass

»ICH« nicht fortdauern kann und dass nichts endgültig festgelegt werden kann. Wenn ein Mensch dies weiß, lebt er zum ersten Mal in seinem Leben. Wenn er seinen Atem anhält, verliert er ihn; wenn er ihn verströmen lässt, findet er ihn.

Und so lang du das nicht hast
dieses Stirb und Werde,
bist du nur ein trüber Gast
auf der dunklen Erde.
(Goethe: *West-östlicher Diwan*)

Schöpferische Sittlichkeit

Es ist vielleicht paradox, von schöpferischer Sittlichkeit zu reden. Denn »Sittlichkeit« ist abgeleitet von einem Wort, das Gewohnheit und Konvention bedeutet und die Unterwerfung des Lebens unter bestimmte Regeln. Sittlichkeit hat aber auch die Bedeutung des Wirkens der Liebe in menschlichen Beziehungen bekommen, und in diesem Sinn können wir von einer Sittlichkeit, die schöpferisch ist, sprechen. Der heilige Augustinus beschrieb dies mit »liebe und tu, was du magst«. Aber das Problem war immer, wie zu lieben, was man nicht mag.

Wenn Sittlichkeit die Kunst des Miteinanderlebens ist, liegt es auf der Hand, dass dabei Regeln, oder besser Techniken, eine Rolle spielen. Denn zahlreiche Probleme einer Gemeinschaft sind technische Probleme – die Einteilung von irdischen Gütern und Bevölkerung, richtige Verwaltung der Naturschätze, Ordnung des Familienlebens, Pflege der Kranken und Invaliden und der harmonische Ausgleich individueller Unterschiede.

Der Moralist ist demgemäß ein Techniker, den man wegen dieser Probleme konsultiert, wie man einen Architekten für einen Hausbau oder einen Ingenieur für einen Brückenbau zu Rate zieht. Wie Medizin, Schuhmacherei, Kochkunst, Schneiderei, Landwirtschaft, Schreinerei, so verlangt auch das Zusammenleben ein bestimmtes »gewusst, wie«. Es erfordert Erwerb und Anwendung gewisser Handfertigkeiten.

Jedoch ist der Moralist in der Praxis sehr viel mehr als ein technischer Berater geworden. Er ist ein Zänker geworden. Von seiner Kanzel oder seinem Studierzimmer aus hadert er mit der menschlichen Rasse, speit Lob und Tadel – meist Tadel – wie Feuer aus dem Mund des Drachen. Denn die Leute hören nicht auf ihn. Sie fragen, was man unter diesen und jenen Umständen am besten tut. Er sagt es ihnen, und sie scheinen ihm recht zu geben. Aber dann gehen sie fort und tun etwas ganz anderes, denn sein Rat ist ihnen zu schwierig oder sie haben starken Drang, das Gegenteil zu tun. Das geschieht so regelmäßig, dass der Moralist die Geduld verliert und sie zu beschimpfen beginnt. Wenn das keinen Erfolg hat, greift er zu körperlicher Gewalt und ergänzt seinen Rat durch Polizei, Bestrafung und Gefängnis. Denn die Gemeinschaft ist ihr eigener Moralvertreter. Sie wählt und zahlt Richter, Polizisten und Prediger, als ob sie sagen wollte: »Wenn ich Schwierigkeiten mache, hau mich bitte!«

Auf den ersten Blick scheint man das Problem auf folgenden Nenner bringen zu können: Moralbegriffe sind dazu da, ungerechte Verteilung von

Freude und Schmerz zu vermeiden. Das bedeutet, dass einige weniger Freude und mehr Schmerzen erfahren müssen. In der Regel werden diese Wesen solche Opfer nur unter der Drohung erbringen, dass sie noch mehr Schmerzen haben, wenn sie sich nicht fügen. Dies beruht darauf, dass jeder Mensch an sich denkt und die Interessen der Gemeinschaft nur insoweit beachtet, als sie offenbar seine eigenen sind.

Hieraus haben die Moralisten die Theorie entwickelt, dass der Mensch im Grunde selbstsüchtig ist und einen angeborenen Hang zum Übel hat. Der »normale« Mensch lebt für den einen Zweck, seinen Körper vor Schmerz zu schützen und ihm Freuden zu verschaffen. Da er nur mit seinem eigenen Körper fühlen kann, hat er wenig Interesse an den Gefühlen anderer Körper. Daher nimmt er an anderen Körpern nur Anteil, wenn dafür Belohnung winkt oder Bestrafung droht, das heißt mittels einer Ausnutzung seines Eigeninteresses im Interesse der Gemeinschaft.

Glücklicherweise ist das Problem nicht ganz so einfach. Denn zu den Dingen, die dem Menschen Freude machen, gehören auch Beziehungen zu anderen menschlichen Wesen – Unterhaltung, gemeinsames Essen, Singen, Tanzen, Kinder haben und Zusammenwirkung bei Arbeit, die »gemeinsam leichter von der Hand geht«. Und wirklich, eine der höchsten Freuden ist es, mehr oder weniger unbewusst seiner selbst zu sein und in interessanten Anblicken, Tönen, Orten und Leuten aufzugehen. Umgekehrt ist es einer der größten Schmerzen, sich seiner selbst bewusst zu sein und sich nicht in die Gemeinschaft und die umgebende Welt aufgenommen, sondern von ihr abgeschlossen zu fühlen.

Das ganze Problem findet aber keine Lösung, solange wir es unter dem Gesichtspunkt der Freude-Schmerz-Beweggründe betrachten bzw. überhaupt unter dem Gesichtspunkt eines »Beweggrundes«. Denn der Mensch hat ein Moralproblem, das andere Herdentiere nicht haben, gerade deshalb, weil er sich so viel mit Beweggründen beschäftigt. Wenn es wahr ist, dass der Mensch notwendigerweise durch den Schmerz-Freude-Grundsatz geleitet wird, braucht man menschliches Verhalten überhaupt nicht mehr zu diskutieren. Veranlasstes Verhalten ist vorbestimmtes Verhalten; es wird sein, wie es sein wird, ganz gleichgültig, was jemand dazu sagt. Es gibt keine schöpferische Sittlichkeit, es sei denn, der Mensch hat die Möglichkeit der Freiheit.

Hier machen die Moralvertreter ihren Fehler. Wenn sie vom Menschen verlangen, dass er seine Lebensweise ändert, müssen sie davon ausgehen, dass er frei ist; denn ist er das nicht, dann macht kein noch so wütender Protest in der Welt irgendeinen Unterschied. Andererseits begeht ein Mann, der unter der Furcht der Drohungen eines Moralisten oder der Verlockung von dessen Versprechungen handelt, keine freie Handlung. Wenn der

Mensch nicht frei ist, so mögen Drohungen und Versprechungen sein Verhalten beeinflussen, aber sie werden es nicht in wesentlicher Beziehung ändern. Wenn er frei ist, werden ihn weder Drohungen noch Versprechungen zum Gebrauch seiner Freiheit bringen.

Die Bedeutung des Freiseins kann der gespaltene Geist nie erfassen. Fühle ich mich von meiner Erfahrung und der Welt abgesondert, wird mir das Ausmaß, in welchem ich die Welt herumstoßen kann, als Freiheit erscheinen und das Ausmaß, in dem mich die Welt herumstößt, als Schicksal. Aber für den ungespaltenen Geist gibt es keinen Gegensatz zwischen »ICH« und Welt. Da gibt es nur ein handelndes Geschehen, und das tut alles. Es hebt meinen kleinen Finger, und es ruft auch Erdbeben hervor. Oder, wenn du es anders sehen willst, ich hebe meinen kleinen Finger und rufe ein Erdbeben hervor. Niemand ist Herr und niemand ist Knecht des Schicksals. Natürlich ist das eine befremdliche Anschauung von Freiheit. Wir sind gewohnt zu denken, dass, wenn es überhaupt Freiheit gibt, diese nicht in der Natur liegt, sondern in der Selbständigkeit menschlichen Willens und dessen Macht des Wählens. Was wir normalerweise aber mit »Wählen« meinen, ist nicht Freiheit; Wählen ist meist eine Entscheidung, die ihren Beweggrund in Freude oder Schmerz hat, und der geteilte Geist verfolgt nur den einen einzigen Zweck, das »ICH« aus dem Schmerz heraus und zur Freude zu führen. Die schönsten Freuden sind aber diejenigen, die wir nicht planen, und das Ärgste am Schmerz ist, ihn zu erwarten und von ihm wegkommen zu wollen, wenn er da ist. Du kannst dir nicht vornehmen, glücklich zu sein. Du kannst dir vornehmen zu leben, aber in sich selbst sind Sein und Nicht-Sein weder freudvoll noch leidvoll. Mir haben Ärzte sogar versichert, dass unter gewissen Umständen der Tod eine höchst angenehme Erfahrung sein kann.

Das Gefühl, unfrei zu sein, kommt daher, dass man Dinge zu tun versucht, die unmöglich und sogar sinnlos sind. Du bist nicht »frei«, einen viereckigen Kreis zu ziehen, ohne Kopf zu leben oder gewisse Reflexbewegungen zu verhindern. Dies sind nicht Behinderungen der Freiheit, es sind Vorbedingungen der Freiheit. Ich bin nicht frei, einen Kreis zu ziehen, wenn vielleicht ein viereckiger Kreis daraus werden könnte. Ich bin, Gott sei Dank, nicht frei, aus der Tür zu gehen, meinen Kopf aber zu Hause zu lassen. Gleichermaßen bin ich nicht frei, in irgendeinem außer diesem Augenblick zu leben oder mich selbst von meinen Gefühlen zu lösen. Kurz gesagt, ich bin nicht frei, sobald ich etwas Widersprüchliches zu tun versuche, wie zum Beispiel mich zu bewegen, ohne meine Haltung zu verändern, oder meine Finger zu verbrennen, ohne Schmerz zu fühlen.

Andererseits bin ich frei, ist der Lauf der Welt frei, alles zu tun, was nicht ein Widerspruch ist. So erhebt sich die Frage: Ist es ein Widerspruch, ist es unmöglich, zu handeln oder zu entscheiden, ohne dass Freude das letztliche Ziel ist? Die Theorie, dass wir unvermeidbar das tun müssen, was uns größere Freude oder weniger Schmerz vermittelt, ist eine bedeutungslose Behauptung, die auf ein Durcheinander von Worten zurückzuführen ist. Zu sagen, dass ich mich entschließe, etwas zu tun, weil es mir gefällt, sagt nur, dass ich mich entschließe, es zu tun, weil ich mich entschließe, es zu tun. Wenn »Freude« von Anfang an als »Was ich am liebsten habe« definiert wird, so wird, was ich am liebsten habe, immer Freude sein. Wenn ich den Schmerz am liebsten habe, wie ein Masochist, dann wird der Schmerz Freude sein. Kurz, die Theorie geht von vornherein davon aus, dass Freude das ist, was wir uns wünschen; daher ist alles, was wir wünschen, Freude.

Aber ich verfalle sofort in einen Widerspruch, wenn ich meine Handlungen und Entscheidungen danach ausrichte, glücklich zu sein, wenn ich mir »Freude haben« als zukünftiges Ziel setze. Denn je mehr meine Handlungen auf zukünftige Freuden gerichtet sind, umso weniger bin ich fähig, überhaupt irgendwelche Freuden zu genießen. Denn alle Freuden sind gegenwärtig, und nichts außer dem völligen Wahrnehmen der Gegenwart kann zukünftiges Glück auch nur zu gewährleisten beginnen. Ich kann Vorkehrungen treffen, um morgen zu essen oder nächste Woche eine Reise in die

Berge zu unternehmen, aber nichts bietet mir Gewähr, dass mich das glücklich machen wird. Es ist im Gegenteil eine bekannte Erfahrung, dass nichts eine »Freude« so verdirbt, als wenn du dich mittendrin beobachtest und fragst, ob es dir wirklich Spaß macht. Du kannst nur in einem Augenblick zugleich leben und nicht gleichzeitig noch daran denken, dem Wellenschlag zu lauschen und ob es dich freut, den Wellen zu lauschen. Widersprüche dieser Art sind die einzigen typischen Beispiele von Unfreiheit des Handelns.

Eine andere Theorie des Bestimmtseins besagt, dass alle unsere Handlungen von »unbewussten geistigen Mechanismen« veranlasst werden und dass aus diesem Grund auch die spontansten Entscheidungen nicht frei sind. Das ist nur ein anderes Beispiel des gespaltenen Geistes, denn was ist der Unterschied zwischen dem »Selbst« und den »geistigen Mechanismen«, ob bewusst oder unbewusst? Wer wird bei diesen Prozessen in Bewegung gesetzt? Die Feststellung, dass irgendjemand zu etwas veranlasst wird, kommt von der beharrlichen Vorstellung des »ICH«. Der wirkliche Mensch, der Organismus in Beziehung zum Universum, ist dieser unbewusste Beweggrund. Und da er es *ist*, kann es ihn nicht bewegt haben. In anderen Worten: Es ist kein Bewegtwerden, es ist einfach Tätigwerden. Darüber hinaus gibt es kein »unbewusstes« Denken, das sich vom bewussten unterscheidet, denn das »unbewusste« Denken ist bewusst, wenngleich nicht seiner selbst, sondern genauso, wie die Augen sehen, sich aber nicht selbst sehen.

Es bleibt noch die Vermutung, dass die ganze Wirkung, der ganze Ablauf der Handlung von Mensch und Universum eine bestimmte Serie von Ereignissen ist, in welcher jedes Ereignis das unvermeidliche Ergebnis des vergangenen ist.

Wir können dies Problem nicht erschöpfend oder auch nur ausreichend behandeln. Aber vielleicht genügt es für den Augenblick, zu erkennen, dass dieses eine der größten »offenen Fragen« der Wissenschaft ist, die noch lange nicht gelöst wurde. Die Idee, dass die Vergangenheit die Gegenwart bestimmt, kann ein Trugbild der Sprache sein. Da wir die Gegenwart in Begriffen der Vergangenheit beschreiben müssen, mag es scheinen, dass die Vergangenheit die Gegenwart »erkläre«. Um »wie« etwas geschah zu erklären, beschreiben wir die Kette der Ereignisse, von dem das Geschehen ein Glied war.

Die Flasche zerbrach. Sie fiel zu Boden. Ich ließ sie fallen. Meine Finger waren glitschig. Ich hatte Seife an den Händen. Ist es berechtigt, jeweils das Wort »weil« zwischen diese Feststellungen zu setzen? In der Regel tun wir das, denn wir können wetten, dass, wenn ich die Flasche loslasse, sie zu Boden fallen wird. Das beweist jedoch nicht, dass ich das Fallen veranlasst habe oder dass sie fallen musste. Ereignisse sehen rückblickend unvermeidbar aus, denn wenn sie geschehen sind, kann nichts sie mehr ändern. Jedoch könnte die Tatsache, dass ich darauf wetten kann, gleichermaßen beweisen, dass Ereignisse nicht vorbestimmt sind, sich aber beständig wiederholen. Mit anderen Worten, der Ablauf im All vollzieht sich in jedem Augenblick frei und spontan, neigt jedoch dazu, Ereignisse in regelmäßiger und daher voraussagbarer Folge eintreten zu lassen.

Wie immer man diesen Fall entscheiden mag, der ungespaltene Geist hat gewisslich das Gefühl von Freiheit und bringt sicherlich in diese sittliche Sphäre eine Lebensauffassung, die all die Merkmale freien und schöpferischen Handelns trägt. Nichts ist leichter zu erkennen, als dass die meisten Handlungen, die – nach konventionellen Moralbegriffen – Sünde genannt werden, auf den gespaltenen Geist zurückgeführt werden können. Der weitaus größte Teil dieser Handlungen kommt von übertriebenen Begierden, von Begierden nach Dingen, die nicht im Geringsten für die Gesundheit von Geist und Körper nötig sind, wobei man zugeben muss, dass »Gesundheit« ein relativer Begriff ist. Derart fremdartige und unersättliche Begierden entstehen dadurch, dass der Mensch seinen Appetit ausnutzt, um dem »ICH« ein Gefühl der Sicherheit zu geben.

Ich bin niedergeschlagen, ich möchte das »ICH« von dieser Niedergeschlagenheit befreien. Das Gegenteil von Niedergeschlagenheit ist frohe Erregtheit, aber da Niedergeschlagenheit keine frohe Erregtheit ist, kann ich mich nicht dazu zwingen, fröhlich zu sein. Aber ich kann mich betrinken, das macht mich höchst vergnügt, und so habe ich, sobald die nächste Depression einsetzt, ein schnelles Heilmittel. Die nächsten Depressionen werden noch tiefer und schwärzer, weil ich diesen Depressionszustand nicht verdaut und sein Gift nicht ausgeschieden habe. So muss ich noch betrunkener werden, um sie zu ertränken. Sehr bald beginne ich mich selbst zu hassen, weil ich mich so betrinke, was mich noch mehr deprimiert … und so geht das weiter und weiter.

Oder ich habe vielleicht eine große Familie und lebe in einem mit großen Hypotheken belasteten Haus, in das ich all meine Ersparnisse gesteckt habe. Ich muss in einer Stellung, die mich nicht besonders interessiert, schwer arbeiten, um meine Rechnungen bezahlen zu können. Es stört mich nicht, viel zu arbeiten, aber mir kommt immer wieder der Gedanke, was geschieht, wenn ich krank werden sollte oder wenn ein Krieg kommt und ich eingezogen würde. Ich würde lieber nicht darüber nachdenken und das »ICH« aus dieser Angst herausholen. Denn ich bin überzeugt, dass ich bestimmt krank werde, wenn es so weitergeht. Aber es ist so schwer, damit aufzuhören, und da dies die Krankheit noch wahrscheinlicher macht, bohrt die Angst noch mehr. Ich muss versuchen, mich davon zu befreien, und in der Verzweiflung fange ich an, im Pferderennen zu wetten, um die Angst durch die tägliche Hoffnung, dass mein Pferd gewinnen könne, zu übertünchen. Und so geht das weiter und weiter.

Der herkömmliche Moralist hat zu solchen Problemen nichts beizusteuern. Er kann auf die erschreckenden Folgen von Alkohol und Spielen hinweisen – das aber ist nur noch mehr Öl ins Feuer. Er kann dir himmlischen Lohn für geduldig ertragene Leiden versprechen, aber auch das ist eine Art Lotteriespiel. Er kann die Niedergeschlagenheit und Angst auf die soziale Ordnung schieben und die Unglücklichen drängen, sich der Revolution anzuschließen.

Kurz gesagt, er kann entweder das »ICH« erschrecken, sodass ein Mensch vor sich selbst davonläuft, oder das »ICH« ermutigen, sodass er sich selbst nachläuft. Er kann die Tugenden in herrlichen Bildern malen und Mut und Stärke geben an Beispielen großer Männer. Er kann insoweit Erfolg haben, dass er alle Kräfte weckt, um Heiligkeit nachzuahmen, Leidenschaften zu zügeln und Zurückhaltung und Wohltätigkeit zu üben. Jedoch führt das niemanden zur Freiheit, denn hinter all der Nachahmung und Disziplin ist immer noch ein Beweggrund.

Wenn ich mich fürchte, sind meine Anstrengungen, tapfer zu empfinden und zu handeln, von der Furcht geleitet, denn ich fürchte die Furcht, was nur einfach sagt, dass meine Anstrengungen dem, was ich bin, zu entfliehen, sich im Kreis bewegen.

Angesichts der Beispiele von Heiligen und Helden fühle ich mich beschämt, dass ich nichts bin, und so übe ich mich in Demut wegen meines verwundeten Stolzes und in Wohltätigkeit wegen meiner Eigenliebe. Der Drang ist stets, das »ICH« irgendwie zur Geltung zu bringen. Ich muss ordentlich, gut, »jemand«, heroisch, liebevoll, selbstverleugnend sein. Ich verleugne mich, um mich selbst zu bestätigen, und gebe mich weg, um mich zu behalten. Die ganze Sache ist ein Widerspruch.

Das christliche Denken ist immer verfolgt worden von dem Gefühl, dass die Sünden der Heiligen ärger sind als die Sünden der Sünder, dass in irgendeiner geheimnisvollen Weise derjenige, der um Erlösung ringt, der Hölle und dem Herzen des Bösen näher ist als die schamlose Dirne oder der Dieb. Es hat anerkannt, dass der Teufel ein Engel ist und als reiner Geist nicht wirklich interessiert an Sünden des Fleisches. Sünden nach dem Herzen des Teufels sind die Verwirrungen des geistigen Stolzes, die Irrungen der Selbsttäuschung und das subtile Blendwerk der Scheinheiligkeit, wo sich Maske hinter Maske wieder hinter Masken verbirgt und die Wirklichkeit völlig verloren ist.

Dieser angebliche Heilige läuft direkt hinein in die Maschen dieses Gewebes, weil er ein Heiliger werden möchte. Sein »ICH« findet größte Sicherheit in einer Genugtuung, die noch stärker dadurch wird, dass sie so schlau verborgen ist, der Genugtuung, seine Sünden zu bereuen und auch noch zerknirscht zu sein, dass er auf diese Reue stolz ist. Solch ein verwickelter Circulus vitiosus ist eine endlose Kette von Masken hinter Masken. Oder, um es anders auszudrücken, der, welcher außerhalb von sich selbst steht, um sich selbst einen Fußtritt zu geben, muss dann dem Selbst draußen auch einen Fußtritt geben. Und unaufhörlich so weiter. Solange es einen Beweggrund gibt, irgendetwas werden zu wollen, solange der Geist an die Möglichkeit einer Flucht vor dem, was er in diesem Augenblick ist, glaubt, kann es keine Freiheit geben. Tugend wird aus genau dem gleichen Grund wie das Laster erstrebt werden, und Gut und Böse werden einander als die gegenüberliegenden Pole eines einzigen Kreises abwechseln. Der »Heilige«, der seine Eigenliebe durch geistige Gewaltsamkeiten besiegt zu haben scheint, hat sie nur verschleiert. Sein scheinbarer Erfolg überzeugt die anderen, dass er den »wahren Weg« gefunden hat, und sie folgen seinem Beispiel so lange, bis der Kreis zum gegenüberliegenden Pol schwingt, wo Ausschweifung die unvermeidliche Reaktion auf Puritanismus wird. Es scheint allerdings, als wäre es verwerflicher Fatalismus, zugeben zu sollen, dass ich bin, was ich bin, und dass kein Entfliehen oder Abtrennen möglich ist. Es scheint, als ob ich, wenn ich ängstlich bin, von der Furcht nicht »loskäme«. Tatsächlich aber bin ich nur so lange an die Furcht gekettet, als ich versuche, von ihr loszukommen. Andererseits entdecke ich, wenn ich nicht versuche loszukommen, dass es in der Wirklichkeit dieses Moments nichts »Unlösbares« oder Fixiertes gibt. Wenn ich dieses Gefühls gewahr werde, ohne es zu benennen, ohne es »Furcht«, »schlecht«, »negativ« usw. zu nennen, verwandelt es sich sofort in etwas anderes, und das Leben bewegt sich ungehemmt weiter. Dadurch, dass es den Fühler hinter sich nicht mehr hervorbringt, setzt sich das Gefühl nicht durch sich selbst weiter fort.

Wir können jetzt vielleicht erkennen, weshalb der ungeteilte Geist nicht in solche Ausflucht aus der Gegenwart, die man gewöhnlich »Sünde« nennt, getrieben wird. Die weitere Wahrheit, dass der ungeteilte Geist der Erfahrung als einer Einheit und der Welt als solcher gewahr ist und dass die ganze Natur des Denkens und Gewahrseins eins sein muss mit dem, was sie weiß, deutet auf einen Zustand hin, der gewöhnlich Liebe genannt wird. Denn die Liebe, die sich selbst in schöpferischem Handeln ausdrückt, ist weit mehr als nur ein Gefühl. Sie ist nicht einfach irgendetwas, was du »fühlen« und »wissen«, woran du dich erinnern und was du bezeichnen kannst. Liebe ist das ordnende und vereinende Prinzip, das die Welt zu einem Universum macht und die aufgelösten Massen zu einer Gemeinde. Sie ist eigentlicher Inhalt und Wesensart des Geistes und offenbart sich dann, wenn das Denken ungeteilt ist.

Denn der Geist muss interessiert oder mit etwas beschäftigt sein, genau wie ein Spiegel irgendetwas wiedergeben muss. Wenn er nicht versucht, sich mit sich selbst zu beschäftigen – wie wenn ein Spiegel sich selbst in sich spiegeln würde –, muss er interessiert oder beschäftigt sein mit anderen Leuten oder Dingen. Wie zu lieben, ist kein Problem. Wir lieben. Wir sind Liebe, und das einzige Problem ist der Weg, den Liebe nimmt; ob sie sich wie das Sonnenlicht ergießt oder versucht, sich auf sich selbst zu richten, wie ein »Licht unter einem Scheffel«.

Befreit vom Kreislauf der versuchten Eigenliebe, nimmt der menschliche Geist das ganze Universum in seine Ungeteiltheit auf, wie ein einziger Tautropfen den ganzen Himmel einzufangen scheint. Dieses ist mehr als irgendein bloßes Gefühl, die Macht und das Prinzip freien Handelns und schöpferische Sittlichkeit. Andererseits hat die Moral von Regeln und Verordnungen, die auf Belohnung und Strafe beruhen, selbst wenn diese so unfassbar sind wie das Schuldgefühl oder die Freude der Selbstachtung, keine Beziehung zu freiem Handeln. Dies ist ein Weg, Sklaven durch »wohlwollende Ausbeutung« ihrer Illusionen zu beherrschen, der aber, wie weit man ihm auch folgt, nie zur Freiheit führen kann.

Wo schöpferisches Handeln sein soll, ist es völlig nebensächlich, darüber zu diskutieren, was wir tun oder nicht tun sollten, um gut und anständig zu sein. Ein Denken, das einfach und aufrichtig ist, ist nicht daran interessiert, als gut zu gelten und seine Beziehungen zu anderen Leuten so zu pflegen, dass sie einer bestimmten Regel entsprechen. Noch ist es, andererseits, daran interessiert, frei zu sein, indem es sich regelwidrig benimmt, um seine Unabhängigkeit zu beweisen. Sein Interesse liegt nicht in ihm selbst, sondern in den Menschen und Problemen, die es wahrnimmt; diese sind »es selbst«. Es handelt nicht nach einer Richtschnur, sondern nach den Umständen des Augenblicks; und das »Gute«, das es anderen wünscht, ist nicht Sicherheit, sondern Freisein.

Nichts ist tatsächlich weniger menschlich als menschliche Beziehungen, die auf Moral gegründet sind. Ein Mann, der Brot verteilt, um wohltätig zu sein, mit einer Frau lebt, um Treue zu beweisen, mit einem Neger isst, um seine Vorurteilslosigkeit zu erhärten, und sich zu töten weigert, um seine Friedfertigkeit zu zeigen, ist kalt wie ein Stück Eis. Er denkt nicht wirklich an den anderen. Kaum weniger kalt ist die Wohltätigkeit, die dem Mitleid entspringt und die das Leiden nur darum mildern will, weil sie sein Anblick stört.

Es gibt jedoch keine Formel, die wahrhafte Wärme der Liebe zu erzeugen. Sie kann nicht nachgeahmt werden. Du kannst dich nicht hineinreden oder sie verstärken, indem du die Gefühle anspannst oder indem du dich ernstlich dem Dienst an der Menschlichkeit widmest. Jeder besitzt Liebe, sie kann aber nur zum Vorschein kommen, wenn er überzeugt ist von der Unmöglichkeit und Vergeblichkeit, zu versuchen, sich selbst zu lieben. Diese Überzeugung entsteht nicht durch Selbstverdammung, durch Hass auf sich selbst oder dadurch, dass man Eigenliebe mit allen Schimpfnamen der Welt bedenkt. Sie kommt ausschließlich aus dem Gewahrsein, dass man kein Selbst zum Lieben hat.

Religion in neuer Sicht

Wir begannen dieses Buch mit der Voraussetzung, dass Wissenschaft und wissenschaftliche Philosophie keine Grundlagen für religiösen Glauben bieten. Wir haben den Punkt nicht erörtert, sondern ihn als Ausgangspunkt benutzt. Wir übernahmen die vorherrschende Ansicht, dass die Existenz Gottes, eines jeglichen Absoluten oder einer ewigen Ordnung jenseits dieser Welt von der Logik nicht unterstützt oder erklärt wird. Wir akzeptieren die Vorstellung, dass solche Ideen von keinerlei Wert für wissenschaftliche Vorhersagen sind und dass alle bekannten Ereignisse sehr viel einfacher ohne sie erklärt werden können. Gleichzeitig behaupten wir, dass die Religion keinen Anlass hätte, dieser Ansicht zu widersprechen, denn fast alle geistlichen Traditionen erkennen an, dass es eine Etappe in des Menschen Entwicklung gibt, wo er Glauben – im Gegensatz zu Vertrauen – und dessen Sicherheiten hinter sich lassen muss. Ich nehme an, dass wir bisher auf nichts Anspruch erhoben haben, was nicht durch Erfahrung bewiesen werden kann, oder irgendetwas behauptet haben, was ernstlich mit einer wissenschaftlichen Ansicht über diese Welt im Widerspruch steht. Dennoch sind wir jetzt bei einem Standpunkt angekommen, von dem her die grundsätzlichen Ideen von Religion und traditioneller Metaphysik wieder begreiflich und bedeutungsvoll werden können – nicht als Glaubenslehren, sondern als gültige Symbole der Erfahrung.

Wissenschaft und Religion reden beide vom gleichen Universum, jedoch benutzen sie eine verschiedene Sprache. Allgemein gesagt, beziehen sich die Feststellungen der Wissenschaft auf Vergangenheit und Zukunft. Der Wissenschaftler beschreibt Ereignisse. Er sagt uns, »wie« die Dinge geschehen, indem er uns bis ins Einzelne Rechenschaft gibt über das, *was* geschehen ist. Er ist der Ansicht, dass Ereignisse sich in mannigfaltiger Wiederholung und Ordnung vollziehen, und auf dieser Grundlage kommt er zu Wetten und Voraussagen, angesichts derer wir uns auf den Verlauf der Ereignisse praktisch vorbereiten und uns ihm anpassen können. Um diese Wetten einzugehen, braucht er nichts von Gott und dem ewigen Leben zu wissen. Er muss die Vergangenheit kennen – was bereits geschehen ist.

Auf der anderen Seite beziehen sich die Feststellungen der Religion auf die Gegenwart. Jedoch sind sowohl religiöse als auch wissenschaftliche Kreise unter dem Eindruck, dass gerade die Religion sich mehr mit Vergangenheit und Zukunft beschäftigt. Dies ist ein durchaus natürliches Missverständnis, denn die Religion scheint Behauptungen darüber aufzustellen, wie die Welt begonnen hat und wie sie enden wird. Sie ist lange schon mit Prophezeiung verknüpft worden, was gewisslich das Gleiche ist wie Voraussagen. Sie behauptet, dass diese Welt von Gott *geschaffen* wurde und dass er sie für einen Zweck schuf, der in einer fernen Zukunft erfüllt werden *wird*, im »Leben der Welt, die da kommt«. Sie besteht darüber hinaus darauf, dass der Mensch eine unsterbliche Seele habe, und prophezeit, dass diese seinen körperlichen Tod überleben und ewig leben *wird*. Daher scheint der Wissenschaftler recht zu haben, wenn er behauptet, dass derartige Voraussagen nicht bewiesen werden können und dass sie sich wenig auf vergangene Ereignisse, die bekannt geworden sind, stützen können. Sobald er versucht, die Grundlage, auf welcher diese Voraussagen gemacht sind, zu ermitteln, entdeckt er, dass sie mehr gefühlsbedingt als rational ist. Religiöse Leute *hoffen* oder glauben, dass diese Dinge wahr werden.

Nichtsdestoweniger gab es in der Geschichte jeder bedeutenden Religionslehre Menschen, die religiöse Ideen und Feststellungen sehr verschieden verstanden. Im Ganzen gesehen, traf das mehr auf den Osten als den Westen zu, obzwar die Geschichte des Christentums eine lange Liste von Männern und Frauen aufweist, die sich auf gleicher Ebene mit orthodoxen Hindus und Buddhisten hätten unterhalten können.

Von diesem anderen – und nach unserer Ansicht

tieferen – Gesichtspunkt her ist Religion nicht ein System von Voraussagen. Ihre Lehren befassen sich nicht mit der Zukunft und dem Andauernden, sondern mit der Gegenwart und dem Ewigen. Sie sind nicht eine Sammlung von Glauben und Hoffnungen, sondern im Gegenteil eine Zusammenstellung von Symbolen über die gegenwärtige Erfahrung.

Traditionsgemäß sind diese Symbole von zweierlei Art. Die eine beschreibt die religiöse Art, die Gegenwart zu verstehen in Form greifbarer Darstellungen und Erzählungen. Die andere beschreibt sie in einer abstrakten, negativen Sprache, die häufig der Sprache akademischer Philosophie gleicht. Der Einfachheit halber können wir diese zwei Arten von Symbolen die religiösen und die metaphysischen nennen. Jedoch müssen wir uns klar sein, dass »Metaphysik« in diesem Sinn nicht forschende Philosophie ist. Es ist nicht der Versuch, der Wissenschaft vorzugreifen und eine logische Beschreibung des Universums und seiner Entstehung zu geben. Es ist mehr eine Art, die Kenntnis der Gegenwart vor Augen zu halten. Religiöse Symbole sind besonders charakteristisch in der christlichen Lehre, im Islam und Judentum, während die Lehren des Orients mehr metaphysisch sind.

Wir bemerkten bereits, dass sowohl Wissenschaft wie Religion von der gleichen Welt sprechen, und durch das ganze Buch hindurch haben wir uns nie mit etwas anderem beschäftigt als mit dem täglichen Leben; mit Dingen, die man sehen, fühlen und erfahren kann. Religiöse Kritiker werden uns daher vorhalten, dass wir Religion zu »Naturalismus« herabwürdigen, dass wir Gott mit der Natur identifizieren und aus der Religion verhöhnen, indem wir sie »ihres wesentlichen übernatürlichen Inhalts« berauben.

Wenn du aber Theologen fragst, was sie mit dem »Übernatürlichen« meinen, verfallen sie sofort in eine wissenschaftliche Sprache. Sie reden von einem Gott, der eine »wesenhafte Wirklichkeit, unterscheidbar vom Universum« habe, und sprechen von ihm in Begriffen vergangener Geschichte und zukünftiger Voraussagen. Sie beharren darauf, dass die übernatürliche Welt nicht die gleiche »Ordnung« habe wie das Universum der Wissenschaft, sondern dass sie in anderen Sphären bestehe, die für unsere natürlichen Sinne nicht wahrnehmbar seien. Das fängt an, wie etwas Psychisches zu klingen, von der gleichen Gattung wie die Phänomene der Telepathie, der Hellseherei und Gedankenübertragung.

Und doch ist das nichts weiter als einfacher Naturalismus; es ist sogar nur Pseudo-Wissenschaft. Denn sowohl Wissenschaft wie Naturalismus sind nicht notwendigermaßen nur mit den für die Sinne wahrnehmbaren Dingen beschäftigt. Niemand hat je Elektronen oder Quanten gesehen oder ist fähig gewesen, ein greifbares Bild gekrümmten Raumes zu konstruieren. Wenn es psychische Phänomene gibt, so besteht keinerlei Anlass anzunehmen, dass diese nicht wissenschaftlich erforscht werden könnten und dass sie nicht nur einfach ein anderer Aspekt der »Natur« sind. Tatsächlich befasst sich die Wissenschaft mit zahllosen Dingen, die nicht mit den Sinnen erforscht werden können und die für die unmittelbare Erfahrung nicht greifbar sind: wie zum Beispiel die ganze Vergangenheit, die Schwerkraft, das Wesen der Zeit, das Gewicht der Planeten und Sterne. Diese unsichtbaren Dinge werden aus der unmittelbaren Erfahrung logisch gefolgert. Sie sind Hypothesen, die eine vernünftige Erklärung beobachteter Ereignisse zu geben scheinen. Der theologische Gott ist genau die gleiche Sache – eine Hypothese, die alle Erfahrungen in Betracht zieht.

Wenn ein Theologe eine solche Hypothese aufstellt, benutzt er die Methoden der Wissenschaft und begibt sich in deren Bereich. Daher muss er darauf gefasst sein, befragt, geprüft und kritisiert zu werden.

Die Unterschiede zwischen dem Natürlichen und dem Übernatürlichen können jedoch in einfacherer und viel nützlicherer Weise verstanden werden. Wenn »Natur« das Fachgebiet der Wissenschaft ist, so können wir folgern, dass Natur diese Welt ist, wie sie benannt, gemessen und eingereiht wurde. Natur ist die Welt, die durch das Denken analysiert und in Gruppen geordnet ist, die »Dinge« genannt werden. Es hat, wie wir sahen, den Dingen eine Identität verliehen, indem es diese benannte. Es unterscheidet Bewegung von Stillstand, indem es etwas sich schnell Bewegendes mit etwas sich langsam Bewegendem vergleicht, obwohl beide sich bewegen.

So ist die ganze Welt der Natur relativ und von Denken und In-Vergleich-Setzen hervorgebracht. Ist der Kopf »wirklich« etwas anderes als der Hals? Warum haben wir mit dem »Ding«, das wir Kopf nannten, nicht auch gleich den Hals als dazugehörig bezeichnet, genauso wie diese Bezeichnung ja auch die Nase einschließt. Es ist ein gedankliches Abkommen, dass Kopf und Hals zwei statt einer Sache sind. In diesem Sinn haben die alten Metaphysiker vollkommen recht, wenn sie sagen, dass das ganze Universum ein Produkt des Geistes ist. Sie meinen das Universum der »Dinge«. Andererseits besteht die übernatürliche und absolute Welt aus der geheimnisvollen Wirklichkeit, die wir so benannt, geordnet und eingeteilt haben. Dies ist kein Erzeugnis des Denkens. Und doch gibt es kein Mittel, *was* sie ist, zu beschreiben oder zu bezeichnen. Jeden Augenblick nehmen wir sie wahr, und sie ist unser Gewahr-Sein. Wir fühlen und empfinden sie, und sie ist unsere Gefühle und Empfindungen. Trotzdem gleicht der Versuch, sie zu kennen und zu bezeichnen, dem Vorhaben, ein Messer sich selbst schneiden zu lassen. Was ist das? Das ist eine Rose. Aber »eine Rose« ist ein Laut. Was ist ein Laut? Ein Laut sind Schallwellen, die auf das Trommelfell treffen. So ist also eine Rose ein Druck von Schallwellen auf das Trommelfell? Nein, eine Rose ist eine Rose … ist eine Rose ist eine Rose ist eine Rose …

Bezeichnen ist einfach, Sinnesempfindungen und Geräusche zueinander in Bezug setzen. Aber da Geräusche Sinnesempfindungen sind, ist der Versuch letztlich ein Kreislauf. Die wirkliche Welt, die beides vorsieht, diese Empfindungen und die Organe, mit denen sie empfunden werden, bleibt unergründlich geheimnisvoll. Von diesem Blickpunkt aus gesehen, bereitet es uns keine Schwierigkeit, einigen der alten Handschriften einen Sinn zu entnehmen. Der *Dhammapada*, eine Sammlung buddhistischer Sprichworte, beginnt: »Alles, was wir sind, ist das Ergebnis dessen, was wir gedacht haben. Es gründet sich auf unsere Gedanken; es besteht aus unseren Gedanken.« Das ist im Ergebnis die gleiche Feststellung, mit der das *Johannes-Evangelium* beginnt: »Im Anfang war das Wort, und das Wort war bei Gott, und Gott war das Wort … Alle Dinge sind durch dasselbe (das Wort) gemacht und ohne dasselbe ist nichts gemacht, was gemacht ist.« Mittels Gedanken, das heißt geistigen Worten, unterscheiden oder »schaffen« wir Dinge. Ohne Gedanken gibt es keine Dinge; da gibt es nur unbezeichnete Wirklichkeit.

Wir können uns aber auch der negativen, metaphysischen Sprache über diese unbezeichnete Wirklichkeit bedienen. Sie ist das Unendliche, nicht das Endliche. Sie ist das Ewige, Immergegenwärtige, nicht Vergangenheit und Zukunft, nicht das Überkommene aus Gedanken und Zeit. Sie ist das Unwandelbare in dem Sinn, dass die Idee des Wechsels nur ein anderes Wort ist, eine andere Bezeichnung, die die Wechsel genannte Wirklichkeit übersteigt. Wenn jede Bewegung relativ ist, so ist offenbar, dass es keine absolute Bewegung gibt. Es würde somit sinnlos sein zu behaupten, dass *alle* Körper im Universum sich gleichförmig zehntausend Meilen in der Minute fortbewegen, denn »alles« schließt jeden, in Bezug auf welchen man von einer Bewegung sprechen könnte, aus.

Die metaphysische Sprache ist negativ, da sie versucht, geltend zu machen, dass Worte und Ideen die Wirklichkeit nicht zu erklären vermögen. Sie versucht nicht, uns zu überzeugen, dass Wirklichkeit so etwas wie eine unbeschränkte Menge durchsichtiger Sülze ist. Sie spricht nicht von irgendeinem unfassbaren abstrakten Begriff, sondern von eben dieser Welt, in der wir leben. Diese Erfahrung, die wir Dinge, Farben, Töne, Gerüche, Geschmack, Formen und Gewichte nennen, ist in sich selbst kein Ding, keine Form, keine Nummer, kein Nichts – in diesem Augenblick jedoch erleben wir sie. Wir erleben also Gott, den überlieferte Lehren die unbeschränkte, formlose, unendliche, ewige, ungeteilte, unbewegliche und unveränderliche Wirklichkeit nennen, das Absolute hinter dem Relativen, den Sinn hinter Gedanken und Worten[7].

Natürlich ist der Sinn sinnlos, da er, im Gegensatz zu Worten, nicht Sinn hat, sondern Sinn ist. In sich selbst ist ein Baum sinnlos, das Wort »Baum« gibt erst Sinn.

Es ist leicht erkennbar, dass diese Sprache, ob in religiöser oder metaphysischer Weise, zu allen Arten von Missverständnissen führen kann. Denn wenn der Geist gespalten ist und das geistige »ICH« der gegenwärtigen Erfahrung entrinnen möchte, ist der ganze Begriff einer übernatürlichen Welt sein günstiges Versteck. Dies »ICH« widersetzt sich einem ungünstigen Wechsel und klammert sich daher an das »unwandelbare« Absolute, dabei vergessend, dass dies Absolute auch das »Nichtfeststehende« ist. Wenn das Leben irgendeine bittere Erfahrung vorsieht, kann das »ICH« sie nur mit der Zusicherung, dass es Teil des Planes eines liebenden Gott-Vaters ist, durchstehen. Jedoch macht gerade diese Zusicherung ein Erkennen der »Liebe Gottes« unmöglich, die – wie hinreichend bekannt ist – die Aufgabe des »ICH« erfordert.

Das Missverstehen religiöser Ideen ist anschaulich illustriert in dem, was Menschen aus der Lehre von Unsterblichkeit, Himmel und Hölle gemacht haben. Jetzt jedoch sollte verständlich geworden sein, dass ewiges Leben die Erkenntnis ist, dass Gegenwart die einzige Wirklichkeit ist und dass Vergangenheit und Zukunft sich davon nur im Sinn bloßer gedanklicher Übereinkunft unterscheiden. Der Augenblick ist »das Tor zum Himmel«, der

»gerade und enge Weg, der zum Leben führt«, denn darin ist kein Raum für das abgesonderte »ICH«. Bei dieser Erfahrung gibt es niemanden, der die Erfahrung erfährt. Der »Reiche« kann diese Tür nicht durchschreiten, weil er zu viel Gepäck mit sich führt; er klammert sich an Vergangenheit und Zukunft. Man könnte ganze Seiten der geistigen Literatur aller Länder und Zeiten zitieren, um zu beweisen, dass das ewige Leben in diesem Sinn verstanden worden ist. Das Nachstehende von Meister Eckart mag genügen:

»Der Augenblick, in dem Gott den ersten Menschen schuf, der Augenblick, in dem der letzte Mensch vergehen wird, und der Augenblick, in dem ich spreche, sie alle sind eins in Gott, in dem es nur das Ewige Nu gibt. Vernehmt! Der Mensch, der im Licht Gottes lebt, ist weder der Vergangenheit noch der Zukunft, sondern nur der Ewigkeit bewusst. ... Deshalb erfährt er nichts Neues aus den kommenden Ereignissen noch Neues vom Zufall. Er lebt im Nu, das heißt im Untrüglichen – ›im Grünenden neu gekleidet‹.«

Wenn du in jedem Augenblick stirbst und neu geboren wirst, sind angeblich wissenschaftliche Voraussagen über das, was nach dem Tod geschehen wird, von wenig Bedeutung. Die ganze Herrlichkeit liegt darin, dass wir es nicht wissen. Ideen von Weiterleben und Vernichtung sind gleicherweise auf Vergangenheit begründet, auf Erinnerungen von Wachsein und Schlafen, und die Begriffe unaufhörlichen Fortdauerns und ewig währendem Nichts sind ohne Sinn, jedes in seiner Art.

Es bedarf nur geringer Vorstellungskraft, um zu erkennen, dass nie endende Zeit ein ungeheurer Albtraum ist, sodass es zwischen Himmel und Hölle, in der gebräuchlichen Auffassung, wenig zu wählen gibt. Der Wunsch, immer weiter zu leben, kann nur verlocken, wenn man mehr an unbegrenzte als an ewige Zeit denkt. Es ist etwas anderes, so viel Zeit haben zu dürfen, wie du dir wünschst, als Zeit ohne jedes Ende zu haben.

Denn in ewiger Fortdauer, im Immerwährenden ist keine Freude. Wir ersehnen es nur, weil die Gegenwart leer ist. Eine Person, die Geld zu essen versucht, ist immer hungrig. Wenn jemand darauf hinweisen würde, dass es »Zeit sei, aufzuhören«, ist er in einer Panik, weil er ja noch nichts zu essen gehabt hat und immer mehr Zeit haben will, um weiter Geld zu essen, in der ständigen Hoffnung, demnächst Befriedigung zu finden. In Wirklichkeit ersehnen wir keine Fortdauer, vielmehr ein gegenwärtiges Erfahren völliger Glückseligkeit.

Der Gedanke, ein derartiges Erfahren unaufhörlich fortgesetzt zu wünschen, resultiert daraus, dass man sich in der Erfahrung seiner selbst bewusst und ihrer daher nur unvollständig gewahr wird. Solange das Gefühl besteht, dass ein »ICH« diese Erfahrung hat, ist der Augenblick nicht alles. Ewiges Leben wird verwirklicht, wenn die letzten Spuren eines Unterschiedes von »ICH« und »Jetzt«

verschwunden sind – wenn es nur mehr »Jetzt« gibt und sonst nichts.

Im Gegensatz dazu ist Hölle oder »ewige Verdammnis« nicht die Endlosigkeit der Zeit, die immer und ewig andauert, sondern des ununterbrochenen Kreises, der ständigen Fruchtlosigkeit, des immer Rundherumgehens auf der Jagd nach etwas, das nie erreicht werden kann. Hölle ist der Dünkel der Dummheit, die Unmöglichkeit einer dauernden Selbstliebe, Selbstbewusstheit und Selbstbeherrschung. Es ist, wie wenn man seine eigenen Augen sehen, seine eigenen Ohren hören, seine eigenen Lippen küssen wollte.

Zu erkennen, dass hingegen das Leben in jedem Augenblick vollkommen – gänzlich, ungeteilt und immer neu – ist, heißt den Sinn der Lehre verstehen, dass im ewigen Leben Gott das unbestimmte *Das* ist, *alles-in-allem* und Endzweck oder Ende für alles, das besteht.

Da die Zukunft für ewig unerreichbar ist, wie die lockende Mohrrübe immer *vor* dem Maul des Esels bleibt, liegt die Erfüllung des göttlichen Zwecks nicht in der Zukunft. Sie ist in der Gegenwart zu finden, nicht durch Resignation gegenüber unabänderlichen Tatsachen, sondern weil es niemanden gibt, der resigniert.

Denn das ist der Sinn dieser allumfassenden und immer wiederkehrenden religiösen Grundsätze, dass, um Gott zu erkennen, der Mensch sich selbst aufgeben muss. Es ist so vertraut wie jede Binsenweisheit, und dennoch war nichts schwerer durchführbar und nichts so vollkommen missverstanden.

Wie kann ein Selbst, das selbstsüchtig ist, sich selbst aufgeben? Die Theologen sagen, nicht durch eigene Kraft, sondern durch das Geschenk göttlicher Gnade, derjenigen Kraft, die es dem Menschen ermöglicht, über seine eigene Kraft hinauszuwachsen. Ist aber diese Gnade allen oder nur wenigen Auserwählten gewährleistet, die, wenn sie ihrer teilhaftig werden, keine Wahl haben, als sich zu ergeben? Manche sagen, dass sie zu allen kommt, dass es aber einige gäbe, die sie annehmen, und einige, die sie zurückweisen. Andere wiederum meinen, dass sie nur zu Auserwählten kommt, aber auch diese betonen zum größten Teil, dass es in der Macht des Einzelnen liegt, ob er sie annimmt oder nicht.

Aber das löst das Problem keineswegs. Es setzt an die Stelle des Problems des Zurückhaltens oder Hingebens des Selbst das Problem der Annahme oder Zurückweisung göttlicher Gnade, und diese beiden Probleme sind identisch. Die christliche Religionslehre hat ihre eigene verborgene Antwort auf das Problem in dem Gedanken, dass der Mensch sich nur »in Christus« ergeben kann. Denn »Christus« verkörpert die Erkenntnis, dass es kein getrenntes Selbst gibt, das sich ergeben könnte. »ICH« aufzugeben ist ein irriges Problem. »Christus« ist die Erkenntnis, dass es kein getrenntes »ICH« gibt. »Ich und der Vater sind eins … Ehe denn Abraham ward, bin ich.« Wenn es überhaupt ein Problem gibt, so liegt es in der Einsicht, dass du in diesem Augenblick kein »ICH« hast, das sich ergeben kann. Du bist völlig frei, dies in jedem Augenblick zu tun, und nichts auf der Welt kann dich daran hindern. Das ist unsere Freiheit. Wir sind jedoch nicht frei, uns zu vervollkommnen, uns selbst zu ergeben, uns der Gnade zu erschließen, denn solche Denkspaltung bedeutet, unsere Freiheit zu verneinen und hinauszuschieben. Es bedeutet, unseren Mund anstatt des Brotes zu essen.

Muss man den riesigen Unterschied betonen zwischen der Erkenntnis, dass »ich und der Vater eins sind«, und der Geisteshaltung eines Menschen, der, wie wir es ausdrücken, »denkt, er sei Gott«? Wenn du, immer noch in dem Gedanken, dass es ein abgesondertes »ICH« gibt, dies mit Gott identifizierst, so wirst du zu dem unerträglichen Ich-Süchtigen, der glaubt, im Erreichen des Unmöglichen, in der Beherrschung der Erfahrung und in der Lösung aller Teufelskreise Erfolg zu haben.

Ich bin Meister meines Geschicks
Und Herr meiner Seele.

Sobald die Schlange ihren Schwanz verschluckt, hat sie einen geschwollenen Kopf. Es ist eine ganz andere Sache einzusehen, dass du dein »Schicksal« bist und dass es niemanden gibt, es zu meistern oder gemeistert zu werden, zu herrschen oder zu unterwerfen.

Müssen wir auch hervorheben, dass dieser Verlust des »ICH« in Gott kein geheimnisvoller Nebel ist, in dem die »Persönlichkeitswerte« untertauchen? Das »ICH« war nicht, ist nicht und wird niemals ein Teil der menschlichen Persönlichkeit sein. Es gibt daran nichts Einmaliges, »Unterschiedliches« oder Interessantes. Je mehr im Gegenteil die Menschen nach ihm jagen, desto einförmiger, uninteressanter und unpersönlicher werden sie. Je schneller sich Dinge im Kreis bewegen, desto mehr verschwimmen sie. Es ist offensichtlich, dass allein interessierte Leute interessant sind, und völlig interessiert zu sein heißt, das »ICH« vergessen zu haben.

Wir ersehen daraus also, dass die fundamentalen Grundsätze der Philosophie, Religion und Metaphysik auf zwei ganz verschiedene Weisen verstanden werden können. Sie können als Symbole des ungespaltenen Geistes angesehen werden, als Ausdruck der Wahrheit, dass in jedem Augenblick Leben und Erfahrung ein einheitliches Ganzes sind. »Gott« ist keine Erklärung dieses Zustandes, sondern ein Ausruf dafür. Für gewöhnlich werden sie allerdings versuchsweise dazu benutzt, außerhalb von sich selbst und des Weltalls zu stehen, um diese zu erfassen und zu beherrschen. Wie komplex und irrig er auch sein mag, so ist es doch ein geschlossener Kreis.

Da die Menschen sich seit so vielen Zeitaltern im Kreis bewegen, hat die Macht der Technik wenig mehr erreicht, als diesen Kreislauf bis zu einem Punkt unerträglicher Spannung zu beschleunigen. Die Zivilisation ist im Begriff, durch reine Zentrifugalkraft auseinanderzufliegen. In dieser misslichen Lage ist die schuldbewusste Religionsauffassung, an die wir uns so lange gewöhnt haben, keine Heilung, sondern Teil der Krankheit. Wenn wissenschaftliches Denken ihre Kraft geschwächt hat, brauchen wir das nicht zu bedauern, denn der »Gott«, zu dem sie uns hätte führen können, war nicht die unbekannte Wirklichkeit, die der Name ausdrückt, sondern nur ein Spiegelbild unseres Selbst – ein kosmisches, unfleischliches »ICH«, das über das Universum zu herrschen wähnt.

Der wahre Glanz der Wissenschaft liegt nicht so sehr darin, dass sie benennt und einreiht, festhält und voraussagt, sondern dass sie beobachtet und die Fakten kennenlernen möchte, was auch immer sie sein mögen. Wie sehr sie auch Tatsachen mit vorhandenen Begriffen, Wirklichkeit mit willkürlichen Einteilungen durcheinanderbringen wird, so liegt in dieser Offenheit und Ehrlichkeit des Denkens doch eine gewisse Ähnlichkeit mit der Religion in einem anderen und tieferen Sinn. Je größer der Wissenschaftler ist, desto tiefer ist er von seiner Unkenntnis der Wirklichkeit beeindruckt und desto mehr erkennt er, dass seine Gesetze und Bezeichnungen, seine Beschreibungen und Erklärungen nur Erzeugnisse seines eigenen Geistes sind. Sie helfen ihm zwar, sich die Welt für seine eigenen Zwecke zurechtzuzimmern, nicht aber sie zu verstehen und zu erklären.

Je mehr er das Weltall bis in unendliche Einzelheiten analysiert, je mehr findet er einzuordnen und je mehr entdeckt er die Relativität jeder Einordnung. Das, was er nicht weiß, scheint in geometrischer Progression zu dem, was er weiß, zu steigen. Stetig nähert er sich dem Punkt, wo das Unbekannte nicht nur eine Lücke in einem Gewebe von Worten ist, sondern ein Fenster im Denken, ein Fenster, dessen Name nicht Unwissenheit, sondern Staunen ist.

Der ängstliche Geist schließt dieses Fenster mit einem Knall und beschäftigt sich weder in Gedanken noch in Worten mit dem, was er nicht weiß, um umso mehr über das, was er zu wissen glaubt, zu schwatzen. Er füllt die unbekannten Lücken mit bloßer Wiederholung dessen, was bereits erforscht ist, aus. Der aufgeschlossene Geist jedoch weiß, dass auch die genauest erforschten Gebiete überhaupt nicht wirklich bekannt, sondern nur Tausende von Malen bezeichnet und ausgemessen sind. Und das erregende Geheimnis des »Was« es ist, das wir bezeichnen und messen, muss uns schließlich »um den Verstand bringen«, bis das Denken nicht mehr im Kreis geht und eigene Wege verfolgt, sondern gewahr wird, dass in diesem Augenblick zu *sein* das wahre Wunder ist.

In kaum unterschiedlicher Weise ist dies gleichermaßen der letzte Schluss westlicher und östlicher Weisheiten. Die *Upanishaden* sagen:

Derjenige, der denkt,
dass Gott nicht begriffen wird,
von dem wird Gott begriffen; aber derjenige,
welcher denkt, dass Gott begriffen wird,
der kennt ihn nicht.
Gott ist denen unbekannt,
die ihn kennen, und denen bekannt,
die ihn gar nicht kennen.

Goethe drückt das in Worten aus, die dem modernen Geist klarer erscheinen mögen:

»Das Höchste,
wozu der Mensch gelangen kann,
ist das Erstaunen, und wenn ihn
das Urphänomen
in Erstaunen setzt, so sei er zufrieden;
ein Höheres kann es ihm nicht gewähren,
ein Weiteres soll er nicht dahinter suchen:
hier ist die Grenze.«
(*Gespräche mit Eckermann*, 18. Februar 1829)

Und dann sind da noch die Worte von Johannes vom Kreuz, einem der größten Propheten der christlichen Lehre:

»Eine der größten Gnaden,
die der vergänglichen Seite in diesem Leben
geschenkt wurden, ist die Fähigkeit,
so genau zu sehen und so tief zu empfinden,

dass sie Gott überhaupt nicht erfassen kann.
Die Seiten gleichen hierin irgendwie
den Heiligen im Himmel. Denn diejenigen,
die Ihn am vollkommensten kennen,
erfahren am deutlichsten, dass Er
in Unendlichkeit unbegreifbar ist.
Diejenigen aber, die eine weniger klare Schau
haben, erkennen nicht so deutlich
wie jene anderen, wie sehr
Er ihre Schau übersteigt.«

In solchem Wunder liegt kein Hunger, sondern Erfüllung. Fast jeder hat es erfahren, aber nur in den seltenen Augenblicken, wenn die packende Schönheit oder Fremdheit eines Anblicks das Denken von der Verfolgung seines Selbstzwecks ablenkt und für einen Augenblick unfähig macht, Worte für das Gefühl zu finden. Wir sind also sehr glücklich zu preisen, in einer Zeit zu leben, wo menschliches Wissen so weit fortgeschritten ist, dass ihm nicht nur für das Fremde und Wunderbare, sondern auch für die allergewöhnlichsten Dinge die Worte fehlen. Der Staub auf den Regalen ist zu ebensolchem Geheimnis geworden wie die entferntesten Sterne. Wir wissen von beiden genug, um zu wissen, dass wir nichts wissen. Der Physiker Eddington kommt den Mystikern am nächsten, nicht im hohen Flug seiner Fantasie, sondern dann, wenn er ganz einfach sagt: »Irgendetwas Unbekanntes tut etwas, was wir nicht kennen.«

Mit diesem Bekenntnis hat das Denken den Kreis geschlossen, und wir sind wieder wie Kinder. Denen, die immer noch fieberhaft alle Dinge erklären möchten, die das Wasser des Lebens mit Papier und Bindfaden sicher verpacken wollen, sagt dieses Bekenntnis nichts und bedeutet nur eine Niederlage. Anderen wiederum ist die Tatsache, dass das Denken einen Kreislauf beendet hat, eine Enthüllung dessen, was der Mensch getan hat, nicht nur in der Philosophie, Religion, Forschung, sondern auch in Psychologie und Moral, im alltäglichen Fühlen und Erleben. Sein Denken hat gekreist, um von sich selbst wegzukommen und sich selbst wieder zu fangen.

Du leidest an dir selbst,
nicht anderes zwingt,
nichts anderes hält dich,
dass du lebst und stirbst.
Und auf dem Rad dich drehst,
umarmst und küsst
die Speichen seiner Agonie,
die Reifen seiner Tränen,
die Nabe seines Nichts.

Mit dieser Entdeckung wird das Denken ein Ganzes; die Spaltung zwischen dem geistigen »ICH« und dem physischen »ICH«, zwischen Mensch und Welt, Ideal und Wirklichkeit endet. Paranoia, der neben sich stehende Geist, wird Metanoia, der Geist in sich selbst, und dadurch frei von sich selbst. Frei vom Sich-selbst-Ergreifen können die Hände tätig werden; frei vom Sich-selbst-Suchen können die Augen sehen; frei vom Versuch, sich selbst zu verstehen, kann der Geist denken. In solchem Fühlen, Sehen und Denken verlangt das Leben keine Zukunft, um sich selbst zu vollenden, keine Erklärung, um sich selbst zu rechtfertigen. In diesem Augenblick ist es beendet.

Anmerkungen

1 Weiter unten in diesem Buch werden wir sehen, dass diese metaphysischen Ideen vom Nichtwechselnden und Ewigen einen anderen Sinn haben können. Sie schließen nicht unbedingt eine statische Vorstellung der Wirklichkeit ein. Und obwohl sie üblicherweise benutzt werden, das Fließende festzulegen, war das nicht immer so.

2 Vgl. u. a. Whyte, *The Next Development in Man* (Henry Holt, New York, 1943), und Burrow, *Neurosis of Man* (Routledge, London, 1948).

3 Die Tatsachen zu diesem Punkt entnehme ich Norbert Wieners bemerkenswertem Buch *Cybernetics* (New York und Paris, 1948). Dr. Wiener ist ein Mathematiker, der sich hauptsächlich um die Entwicklung sorgfältig ausgearbeiteter elektrischer Berechnungsmaschinen verdient gemacht hat. Da er gleicherweise eine sehr fortschrittliche Kenntnis der Neurologie besitzt, so ist er durchaus befähigt, das Ausmaß, in dem diese Erfindungen die Arbeit des menschlichen Organismus herabzumindern vermögen, zu beurteilen. Sein Buch enthält folgende treffende Beobachtungen: »Es ist interessant, zu bemerken, dass wir einer jener Begrenzungen in der Natur gegenüberstehen, in

der höchst spezialisierte Organe auf eine niedrige Stufe der Leistungsfähigkeit herabsinken und so am Ende absterben. Das menschliche Gehirn scheint auf diesem Wege zu dieser destruktiven Spezialisierung so weit gekommen zu sein.«

4 Wenn es dir nicht innerhalb von einer Minute gelingt, lies weiter. Sonst bist du entweder mit dir selbst oder mit mir böse, und die daraus resultierende Anspannung hindert den Versuchsgang.

5 Das Wort »Gewahrsein« ist in dem Sinn benutzt, der ihm von J. Krishnamurti gegeben wurde, dessen Schriften dies Thema mit ungewöhnlicher Auffassung behandeln.

6 A. N. Whitehead, *Science and the Modern World* (Cambridge, 1933), Seite 249.

7 Das ist dasselbe, was die Vedanta-Doktrin das »Selbst« nennt, den »Atman«, der jenseits aller erfahrenen Dinge steht.